나의 겁 없는 중국음식 중국어

전은선, 차오팡 저

다락원

쩐은선 선생님이 쩐하는 말

중국 음식 제대로 먹어보자!

이 책을 기획하고 집필하는 과정에서 늘 염두에 둔 말입니다. 중국의 모든 음식과 식재료를 소개하기란 불가능에 가깝고, 같은 음식이라도 북방과 남방의 명칭이 다른 경우도 허다하니, 어찌 구성해야 하나 꽤 고심했습니다. 고민 끝에 중국 여행길에서 한 끼 식사에도 큰 용기가 필요했던 저의 초보 중국어 학습자 시절을 떠올리며, 말은 서툴지라도 음식만큼은 '먹고 싶은 것을 알고 먹는 기본기를 갖추게 하자'를 목표로 잡았습니다.

『나의 겁 없는 중국음식 중국어』는 니하오, 시에시에 정도 겨우 알지만, 중국 음식은 누구보다 좋아하고 관심 많은 사람을 위한 책입니다. 중국 본토 음식을 맛보겠다는 열정만으론 현지 식당의 그림 없는 메뉴판을 펼쳤을 때의 당황스러움, 종업원을 불러본들 답 없는 상황은 극복하기 어렵다는 것을 잘 알고 있습니다. 이 책을 통해 먹어보고 싶은 새로운 중국 음식이 생기고, 메뉴판을 자연스럽게 읽고, 식당에서 소통하기가 가능해지는 마법이 이뤄지길 희망합니다.

『나의 겁 없는 중국음식 중국어』는 9개의 PART를 거치며 중국 음식에, 그리고 중국어에 스며들 수 있게 구성되어 있습니다. 실전에 필요한 중국 음식의 핵심 정보들을 이해하고, 메뉴판을 완벽히 읽지는 못하지만 단어 하나를 실마리로 어떤 음식인지 알아내는 방법을 익히실 수 있을 겁니다. 사실 순서는 그리 중요하지 않습니다. 각자의 관심도에 따라 순서를 바꿔 보셔도 좋습니다.

중국 음식에 관련된 각각의 이야기 마무리에는 현지 표현을 담은 중국어 학습 코너가 있습니다. 현지 식당에서의 주문 상황을 떠올리며 몇 가지 대화를 외워보시고, 실제 입으로 뱉어 보시길 권합니다. 한두 마디에 불과할지라도, 떠듬떠듬 중국어를 현지인이 알아듣고 응답했을 때의 기쁨은 중국어 학습을 이어가는 데 강력한 동기부여가 될 것입니다.

마지막으로, 이 책을 집필하는 데 큰 도움을 준 중국 체류 시절 친하게 지냈던 단골 식당 사장님들 그리고 출장과 여행 중에 음식 사진을 부지런히 공유해 준 동료들에게 감사의 말씀을 전합니다.

중국어 학습을 이어갈 수 있는 강력한 동력, 중국 음식!

『나의 겁 없는 중국음식 중국어』를 집필하기로 결정했을 때, 저는 설레는 마음과 기대감이 앞섰습니다. 15년이 넘는 시간 동안 중국어 교사로서 만났던 한국인 제자들이 '중국 음식'에 점점 빠져드는 과정을 보며, '중국 음식'이 중국어 학습을 이어가기 위한 강력한 동력이 된다는 것을 알고 있었기 때문입니다. 게다가 7년 반 동안의 한국 유학 생활 중 코로나19의 영향으로 4년 동안 고향 땅을 밟지 못한 상황에서 고향 음식에 대한 그리움이 더욱 깊어졌습니다.

중국의 음식문화를 이해하고 중국어를 배울 수 있는 교재를 만들다니! 멋진 기획이지만 중국 각지의 풍부하고 다양한 음식 문화를 정리하는 것부터 초보 학습자를 위한 효과적인 의사소통을 위한 학습 내용을 설계하는 것까지, 매번이 쉽지 않은 과정이었습니다. 많은 고민 끝에 '핵심 문장'을 중심으로 꼭 필요한 문법을 전달하는 방식을 택해, 초급 중국어 문법만으로도 중국 음식을 쉽게 이해할 수 있도록 구성했습니다.『나의 겁 없는 중국음식 중국어』는 중국 음식의 깊은 매력을 느끼게 할 뿐만 아니라, 중국어를 마스터하는 데도 큰 도움이 될 것이라 확신합니다.

저와 샨샨은 2014년에 베이징에서 만난 이래로, 세월이 흘러 벌써 만난 지 십 년이 되었습니다. 우리는 선생님과 제자에서 시작해 깊은 우정을 나눴고, 나아가 함께 창작하는 파트너로 서로를 지탱하며 함께 성장해 왔습니다. 2017년『나의 겁 없는 중국생활 중국어』를 시작으로『나의 겁 없는 중국출장 중국어』, 이어서『나의 겁 없는 중국음식 중국어』를 샨샨과 함께할 수 있어 기쁩니다. 함께 성장해 온 10년의 시간을 기념하고 독자의 성장을 바라는 마음을 담아 집필했습니다. 이러한 저의 진심이 전해지길 소망합니다.

마지막으로 집필에 도움을 준 저의 사랑하는 동료 张文燕 선생님, 张香 선생님, 王越 선생님께 감사의 마음을 전합니다. 더불어 이 책의 '생생함'은 중국 각지의 음식사진을 적극적으로 제공해 주신 선생님들 덕분입니다. 成利, 范铃灵, 高亚云, 何静, 李芳, 唐莉, 齐可新, 史晓洁, 尚方明, 王丹, 杨梦, 曾桂珍, 张玉玉, 朱瑛 선생님께 감사드립니다.

이 책의 100% 활용법

『나의 겁 없는 중국음식 중국어』는 중국 음식에 대한 이해도를 높여주는 동시에 간단한 음식 관련 한 마디를 익혀서 중국 현지에서 직접 먹고 싶은 음식을 고를 수 있고, 사 먹을 수 있게 하는 것을 목표로 한 책입니다. 중국어를 시작한 지 얼마 안 되었는데 과연 현지에서 중국 음식을 잘 주문하여 먹을 수 있을지 걱정인 분들에게 많은 도움이 될 수 있는 표현과 재미있는 중국 음식 이야기들을 담았습니다. 『나의 겁 없는 중국음식 중국어』를 통해 중국 현지의 먹거리를 자신 있게 사 먹을 수 있는 기본기를 익혀보세요.

『나의 겁 없는 중국음식 중국어』는 책의 순서와 흐름을 따라 학습해도 되고, 아래의 각 파트별 설명을 보고 필요한 부분만 읽어봐도 좋습니다. 각 파트의 내용을 소개합니다.

PART 1

PART 1은 중국의 4대 요리, 8대 요리를 포함하여 중국의 요리를 전체적으로 가볍게 알아보는 것으로 시작합니다. 중국요리 상식과 더불어 식당에서 쓸 수 있는 문장, 식당에서 알아두어야 할 상식 등을 알려드립니다. 중국 음식을 먹으러 갔을 때 직원을 대면하여 주문하고, 음식을 먹는 과정에서 다양한 요청사항을 말하기 위해 필요한 표현 등 **중국에 가기 전에 필요한 기본기**를 장착할 수 있습니다.

PART 2~3

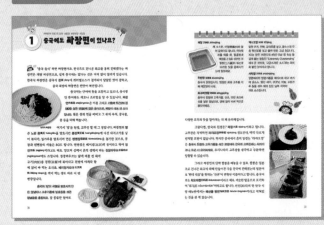

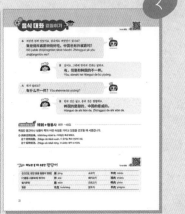

PART 2에서는 보통 '중국 음식'이라고 했을 때 가질 수 있을 법한 궁금증과 관련된 내용을 다뤘습니다. PART 3에서는 중국의 주요 도시에서 꼭 먹어봐야 하는 먹거리 위주의 정보를 다루었고요. 또한 PART 2와 PART 3에서는 〈음식 대화 곁들이기〉라는 질문과 대답 형식의 중국어 회화 코너가 있습니다. 중국어 문장을 꼭 정확히 알고 외워야 한다는 부담 없이 가볍게 대화를 살펴보세요. 중국어 문장이 부담스럽다는 생각이 드는 분들은 하단에 있는 〈메뉴판 볼 때 유용한 맛단어〉에 주목하세요. 여기에 있는 단어들을 눈에 잘 익히고 외워둔 다면, 음식 주문하는 데 실패가 없을 것입니다.

PART 4~9

PART 4의 내용을 통해 메뉴판에 적힌 중국 음식 명만 보고도 어떤 재료를 가지고 어떤 조리법으로 만든 음식인지 알 수 있습니다. 만드는 법에 따라 구분하기, 맛에 따라 구분하기, 재료와 모양으로 구분하기 등을 다뤘습니다.

PART 5는 좀 더 본격적으로 각 요리를 파헤쳐서 알아보는 영역입니다. 해당 요리가 왜 그 이름을 가지게 되었는지 알아보기도 하고, 훠궈나 면에 대한 이야기를 상세히 풀기도 했습니다.

PART 6에서는 육류, 조류, 생선류, 갑각류 등 음식의 종류를 세분화하여서 자세히 알아봅니다. 자신이 특히 좋아하거나 먹어보고 싶은 종류가 있다면 그 부분만 골라서 읽어봐도 좋습니다.

PART 7에서는 마실 것과 관련된 정보들을 담았습니다. 차와 디저트부터 시작해서 '중국' 하면 빠질 수 없는 백주까지 다양한 이야기들을 다뤘습니다.

PART 8에서는 제철 음식과 명절 음식 이야기가 나옵니다. 마침 그 기간에 중국에 있다면 때에 맞는 음식에 한번 도전해 보세요!

PART 9에서는 중국판 오마카세라고 할 수 있는 쓰팡차이부터 중국의 길거리 음식과 편의점 음식, 중국의 차까지, 중국의 갖가지 음식에 관한 이야기를 재미있게 다뤘습니다. 여기까지 읽다 보면 중국 음식에 대한 지식이 많이 쌓였을 것입니다. 아는 만큼 보인다고 하죠? 일단 배경지식을 든든히 쌓고 나면, 중국어 실력이 좋건 나쁘건 중국 음식을 주문할 수 있을 것 같은 자신감이 마구 생길 거예요.

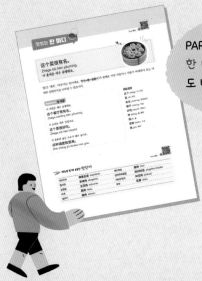

PART 4부터 PART 9까지는 음식 이야기 다음에 〈맛있는 한 마디〉라는 코너를 준비했습니다. 음식과 관련된 문장도 배우면서, 가볍게 문법도 익힐 수 있습니다.

부록 음식 중국어 필살기

〈음식 중국어 필살기〉에서는 상황별로 필요한 대화들을 가볍게 정리했습니다. 음원을 여러 번 듣고 반복해서 따라 읽어보세요. 그리고 외워서 실제 입으로 한번 뱉어보시길 바랍니다. 귀가 트이고 입이 트이면 현지에서 어느 식당을 가더라도 자신 있게 음식을 주문할 수 있을 것입니다.

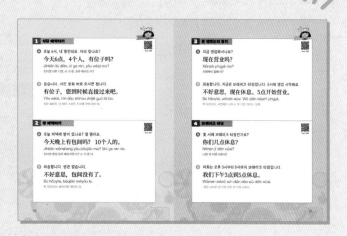

차례

이 책의 표기법

이 책에 나오는 중국의 음식명이나 지명, 관광명소, 인명 등은 중국어 발음을 한국어로 표기하는 것을 원칙으로 했습니다. 단, 우리에게 이미 널리 알려져 우리말 표기가 익숙한 경우 또는 우리말로 표기하여야 전달이 더 잘된다고 여겨지는 것들은 우리말로 표기했습니다.

예 深圳 선전　　宫保鸡丁 궁바오지딩　　蒜蓉粉丝蒸扇贝 마늘당면가리비찜

MP3 다운로드

- 교재의 음원은 '다락원 홈페이지(www.darakwon.co.kr)'를 통해서 무료로 다운로드할 수 있습니다.
- 스마트폰으로 QR코드를 스캔하면 MP3 다운로드 및 실시간 재생 가능한 페이지로 바로 연결됩니다.

PART 1

중국에 가기 전에
기본기
장착하기

중국 음식 기본기 ❶ **중국의 4대 요리**

가고자 하는 음식점을 정해두고 사전에 공부해서 가는 경우라면 문제가 없지만, 사전 조사 없이 갑자기 식당에 들어가게 되는 경우에는 그 식당이 어느 지역의 음식을 하는지 정도는 알고 들어가야 실패 없이 제대로 음식을 맛볼 수 있습니다.

우선 중국 음식은 **지역**으로 구분한 4대 요리에, 또 4개를 더해 8대 요리로 분류할 수 있습니다. 식당 간판에 적힌 해당 지역의 이름이나 축약자, 옛 이름을 알아보는 것은 내가 무슨 지역의 음식을 먹는지 알 수 있게 해 주는 기본 지식이니 숙지하시는 것이 좋아요. 4대, 8대의 구분도 여러 가지가 있지만 우선 통용되는 버전인 네 가지 분류로 정리해 봅니다.

🌸 **산둥 요리** 山东菜 Shāndōng cài / 鲁菜 lǔcài

음식점 이름에 **루**鲁 lǔ가 나오면, **산둥 요리**를 뜻합니다. 루(鲁)는 우리말로 '노나라'를 일컬을 때의 '노'이고, 공자의 고향 취푸(曲阜)가 속한 곳이기도 합니다. 산둥 지역과 가까운 베이징 음식의 원류도 바로 산둥이고, 한국으로 들어온 상당수의 화교가 산둥 사람이다 보니, 산둥 요리는 우리에게도 친숙한 맛입니다. 개인적으로는 산둥 요리가 다른 지역 음식에 비해 달고, 맵고, 짜고가 분명하다는 인상이

산둥 취푸의 공자묘 입구

빠하이선

있는데, 그래서 더욱 한국 사람 입맛에 맞는 것 같습니다. 산둥 요리에는 통닭 요리인 **더조우빠지**德州扒鸡 dézhōubājī, 대하 볶음인 **요먼따샤**油焖大虾 yóumèn dàxiā, 해삼요리인 **빠하이선**扒海参 bā hǎishēn이 있고, 우리에게 친숙한 **탕추리지**糖醋里脊 tángcùlǐjǐ가 있습니다.

🌸 **쓰촨요리** 四川菜 Sìchuān cài / 川菜 chuāncài

얼얼한 **마라**로 대표되는 음식이죠. 가장 유명한 쓰촨요리로는 **훠궈**火锅 huǒguō 그리고 **마파두부**麻婆豆腐 mápóudòufu, **궁바오지딩**宫保鸡丁 gōngbǎojīdīng, **쉐이주위**水煮鱼

shuǐzhǔyú 등이 있습니다. 간판에 **촨**川 chuān 이 등장한다면, **쓰촨 요리**구나 생각하시면 됩니다. 제가 자주 가던 쓰촨 식당 이름이 **바슈펑**巴蜀风 Bā Shǔ Fēng 이었는데요. 바슈(巴蜀)는 파촉, 즉 쓰촨의 옛 이름입니다. 파촉의 바람(风)이란 멋진 이름이죠!

🍲 광둥요리 广东菜 Guǎngdōng cài / 粤菜 yuècài

광둥요리는 신선함과 본래의 맛을 강조하는 것이 특징입니다. 재료 그대로 찌고 굽는 요리가 많은데, **바이치에지**白切鸡 báiqiējī, **샤오루주**烧乳猪 shāorǔzhū 가 유명합니다. 그리고 우리에게 잘 알려진 광둥요리로 **딤섬**이 있죠. 중국어로는 '点心 diǎnxīn'으로, '마음을 위로하는 작은 음식'이라는 낭만적인 뜻을 가지고 있습니다. 딤섬을 파는 식당을 **자오차뎬**早茶店 zǎochádiàn 이라 하기도 하는데, **자오차**早茶 zǎochá 는 '아침의 차'라는 뜻입니다. 광둥성의 수도 광저우는 청나라 때부터 중국 남부의 상업과 문화의 중심지였고, 많은 외국 사업가들이 이곳을 찾았습니다. 이들이 아침에 토론이나 친목 모임을 위해 찻집을 찾았는데, 요기가 되는 간식거리도 함께 팔게 되면서 자오차 문화가 만들어졌습니다.

● 궁바오지딩
●● 딤섬

🍲 장쑤 요리 江苏菜 Jiāngsū cài / 苏菜 sūcài

상하이요리의 원형이 되기도 하는 장쑤 요리는 푹 삶고 끓이는 음식이 인상적이며 담백한 느낌을 주는 요리입니다. 대표적인 음식으로 **시에펀스즈토우**蟹粉狮子头 xièfěn shīzitóu, **송수위**松鼠鱼 sōngshǔyú 가 있습니다. 장쑤 요리는 쑤저우(苏州)와 양저우(扬州) 지역의 요리도 포함합니다. 쑤저우 지역 요리 중에 담백한 느낌의 대표 주자는 **쉐이징샤런**水晶虾仁 shuǐjīng xiārén 인데요. 수정(水晶), 즉 '크리스탈'이라는 단어와 새우살(虾仁)이 합쳐진 이름입니다. 칵테일 새우를 전분과 계란 물을 섞어 발라 볶고 투명한 젤라틴으로 코팅하는 간단한 조리법의 요리인데, 숟가락으로 떠서 입에 털어 넣으면 순식간에 없어집니다. 그리고 양저우 하면 **양저우차오판**扬州炒饭 yángzhōu chǎofàn 이죠. 계란, 야채, 고기와 볶아낸 볶음밥으로, 밥이 고슬고슬하고 느끼하지 않은 것이 한국인의 입맛에 잘 맞습니다.

중국 음식 기본기 ❷ **중국의 8대 요리**

중국 사람들은 숫자 8을 참 좋아합니다. 중국어로 숫자 8의 발음이 **발전하다**(发展 fāzhǎn), **돈을 벌다**(发财 fācái)의 '发 fā'와 비슷하기 때문입니다. 그래서 음식도 술도 8대 음식, 8대 명주로 분류하나 봅니다. 2008년 베이징 올림픽도 8월 8일 8시에 개막했고, 선전(深圳)에 있는 저의 전 직장도 사무실을 옮길 때 이전식을 8시 8분 8초에 시작했다고 하니, 숫자 8에 대한 중국인들의 극진한 사랑이 느껴집니다.

그럼 앞서 설명 드린 4대 요리에 나머지 4개를 더해 8대 요리를 완성해 보겠습니다.

🌟 저장 요리 浙江菜 Zhèjiāng cài / 浙菜 zhècài

저장 요리는 장쑤 요리와 함께 중국 동부의 강남(江南) 지역 음식을 대표합니다. 저장 요리 또한 순하고 가벼운 맛이 특징이에요. 저장 요리 하면 바로 시후(西湖)에서 나는 민물고기로 만든 **시후추위** 西湖醋鱼 xīhúcùyú 와 **동파육** 东坡肉 dōngpōròu 이 떠오릅니다. 또 하나 저장성 항저우의 **롱징샤런** 龙井虾仁 lóngjǐng xiārén 이 유명해요. **롱징차** 龙井茶 lóngjǐngchá 를 우려낸 물을 넣은 새우살을 볶은 요리로, 향긋한 녹차맛이 납니다. 또, 저장 요리 체인점 중엔 이 롱징의 녹차를 특화하여 **뤼차찬팅** 绿茶餐厅 lǜchá cāntīng 이라고 하는 곳도 있습니다. 저장 요리로 유명한 체인점 중에 **와이포쟈** 外婆家 wàipójiā 라고 있습니다. 담백하면서 우리 입맛에도 맞고 가격도 그리 비싸지 않아, 꼭 가봐야 할 음식점입니다.

●와이포쟈
●●동파육

🌟 푸젠 요리 福建菜 Fújiàn cài / 闽菜 mǐncài

푸젠 요리는 상큼하고 신맛이 특징입니다. 푸젠 요리 하면 생각나는 것이 바로 **불도장** 佛跳墙 fótiàoqiáng 이에요. 승려(佛)가 담(墙)을 뛰어넘어갈(跳) 정도로 놀라운 맛을 지

후난 요리 식당의 밥솥

©Matyas Rehak

안후이의 올드 스트리트

녔다는 불도장은 푹 곤 귀한 육해공의 좋은 재료가 작은 항아리에 담아져 나오는데, 한약재 맛이 솔솔 나는 것이 무척 건강에 좋은 탕약 느낌이 납니다.

🕑 후난 요리 湖南菜 Húnán cài / 湘菜 xiāngcài

후난 요리는 한국인의 입맛에 딱 맞는 맵고 짠 요리입니다. '매운 음식'이라고 하면 쓰촨 요리와 후난 요리가 2대장이라고 할 수 있죠. 후난 요리 음식점에 가면 **맛있는 밥맛을 강조**하는 것을 볼 수 있습니다. 각 테이블마다 전기밥솥을 통째로 가져와 밥을 덜어주고, 리필이 가능하도록 밥솥을 옆에 두거나 종업원이 밥을 그득히 담은 큰 사발을 옆에 끼고 다니며 필요한 테이블에 밥을 덜어주기도 합니다. 후난 요리에는 고추가 기본인 음식이 많은데, 대표적으로 매운 고추(辣椒)와 고기(肉)를 볶은(炒) **고추돼지고기볶음**辣椒炒肉 làjiāo chǎoròu이 있습니다.

🕑 안후이 요리 安徽菜 Ānhuī cài

안후이 하면 중국의 명산 황산(黄山)이 생각납니다. 그 느낌 그대로 이 지역은 산과 강에서 채취할 수 있는 산나물, 버섯, 민물고기 등을 식재료로 사용합니다. 안후이 요리 중에서 가장 인상적이었던 요리는 **마오떠우푸**毛豆腐 máodòufu입니다. 두부를 만들어 큰 깍두기 크기로 잘라, 볏짚에 싼 후 26도 온도에서 발효시키면 하얀 곰팡이 실이 두부 위에 올라오는데, 마치 털(毛)과 같다 하여 '마오떠우푸'라고 합니다.

15

중국 음식 기본기 ③ **중국요리 심화편**

중국 음식의 큰 분류를 이해하는 것은 중국 음식을 야무지게 찾아 먹는 데 있어 큰 무기가 됩니다. 간판의 상호명에 '浙 Zhè'가 있으면 **저장 요리**를 파는 집이구나, '湘 Xiāng'이 보이면, **후난 요리**를 파는구나 하시면 됩니다. 앞서 정리한 8대 요리의 일부에 속해 있으나 존재감이 뛰어나 별도의 음식군으로도 분류되는 것들이 있으니, 간단히 정리해 보겠습니다.

🐷 둥베이 요리 东北菜 Dōngběi cài

동북3성이라 들어보셨죠? 헤이룽장성(黑龙江省), 지린성(吉林省), 랴오닝성(辽宁省) 이렇게 세 지역을 합쳐 부르는 것입니다. 한겨울 혹독한 추위가 특징인 둥베이의 음식은 값도 비싸지 않고 양도 푸짐한 것이 북방지역의 호방함이 느껴집니다. 조선족 자치구가 있는 지역이기도 하여 이 지역의 조선족들을 통해 한국에도 둥베이 요리가 전해졌고, 따라서 우리에게도 친숙한 음식이 많습니다. **꿔바러우** 锅包肉 guōbāoròu, **띠싼시엔** 地三鲜 dìsānxiān, **둥베이루안뚠** 东北乱炖 dōngběi luàndùn, **하얼빈 통뼈 찜** 大骨棒 dàgúbàng이 유명합니다. 둥베이 요리 음식점의 상호명에는 '雪 xuě'를 쓰는 경우가 많습니다. 예를 들어, **슈에샹칭**(雪乡情 xuě xiāng qíng 눈 내린 고향의 정), **슈에퍄오샹**(雪飘香 xuě piāo xiāng 눈이 날리는 향기)처럼요. 둥베이의 감성을 잘 담고 있는 작명입니다.

둥베이루안뚠

🐷 객가 요리 客家菜 Kèjiā cài

중국은 총인구의 91.5%를 차지하는 한족과, 그외 55개 소수민족으로 이뤄져 있습니다. 한족 중에는 독특한 무리가 있는데, 바로 객가인(客家人)입니다. **객(客)과 같이 떠도는 사람들**이란 뜻입니다. 중국 황허강 북쪽에 살았으나 전란을 피해 광둥성, 푸젠성, 광시성 등 남쪽으로, 더 멀리로는 대만, 동남아 등지로 이주하여 집단을 이루고 살았던 이들은 자신들만의 문화와 언어를 만들어냈고, 더불어 독특한 음식 문화를 만들어냅니다. 객가 요리를 전문적으로 하는 식당이 있을 정도로요. 객가 요리의 대표적인 음식으로는 **메이차이커우러우** 梅菜扣肉 méicàikòuròu, **옌쮜지** 盐焗鸡 yánjújī, **냥더

우푸酿豆腐 niàngdòufu가 있습니다. 참고로 샤먼(厦门)에 가면 객가인 마을이 있어요!

🐾 윈난 요리 云南菜 Yúnnán cài

윈난 요리 하면 **두부, 버섯, 꽃**이 생각납니다. 윈난에는 이 세 가지를 활용한 요리가 많고, 베트남과 인접해 있어서 **베트남 음식과 유사한 느낌**을 주기도 합니다. 처음 윈난 요리를 먹었을 때 독특한 향신료가 무척 낯설었고, 재스민향 맥주가 신기하기도 했던 기억이 있습니다. 윈난의 대표 음식은 **궈챠오미셴**过桥米线 guòqiáo mǐxiàn입니다. 다리(桥)를 건너는(过) 쌀국수(米线)라는 뜻입니다. 섬에서 은거하며 과거시

궈챠오미셴

험 공부를 하던 남편을 위해 다리를 건너 쌀국수를 가져다주던 아내가 있었다고 합니다. 아내는 국수를 가져다주는 과정에서 면이 불고 국물이 식는 문제를 해결하기 위해 따뜻한 국물을 큰 그릇에 담고 그 위에 기름층을 띄워 국물이 식지 않게 하고, 면과 다른 재료들은 별도로 포장하여 가져갔다고 해요. 여기에서 유래한 음식이 바로 '궈챠오미셴'입니다.

🐾 칭전 요리 清真菜 Qīngzhēn cài

간판에 **칭전**清真 Qīngzhēn이라는 글자가 종종 눈에 띕니다. 무슬림(이슬람), 할랄푸드를 의미하는데, 이슬람 교리에 의해 허용된 식품을 뜻합니다. 맛이 특별하다기보다는 신성한 음식이라는 특별한 의미를 가집니다.

 메뉴판 볼 때 유용한 맛단어 Track 001

삼색 야채 볶음	地三鲜 dìsānxiān	우거지 삼겹살찜 [메이차이커우러우]	梅菜扣肉 méicàikòuròu
둥베이 잡탕 찜	东北乱炖 dōngběi luàndùn	소금 친 닭찜 [옌쥐지]	盐焗鸡 yánjújī
징장러우쓰	京酱肉丝 jīngjiàngròusī	고기로 속을 채워 데친 두부 [냥더우푸]	酿豆腐 niàngdòufu
쌀국수 [미셴]	米线 mǐxiàn		

중국의 맛집 입성하기

유명 맛집이 늘 그러하듯, 줄을 서야 하는 상황에 종종 직면하게 됩니다. 노점이라면 전통적인 방법으로 번호표를 받고 기다리는 방식이 있을 테고, 한국에서처럼 키오스크 무인 단말기를 이용해 줄서기를 하는 경우도 있습니다. 키오스크를 이용하는 경우에는 **위챗**(微信)으로 스캔하고, 내 차례가 오길 기다리면 됩니다. 조작에 어려움이 있다면, 외국인 찬스를 쓰세요! 주변 중국인에게 스마트폰을 내밀고 **도와주실 수 있을까요?**(可以帮我一下吗? Kěyǐ bāng wǒ yíxià ma?)라고 하면 됩니다. 외국인에겐 대부분 무척 친절합니다.

이제 착석! 자, 이제 주문해야 합니다. 먼저 손을 번쩍 들고 "저기요!" 하고 사람을 불러야죠. 종업원이 여자인 경우 **메이뉘**美女 měinǚ, 남자라면 **슈아이꺼**帅哥 shuàigē라고 부릅니다. 각각 미녀, 미남이란 뜻인데, 부르기에 낯간지러울 수 있지만 듣는 이에겐 그저 '저기요'라고 들리니, 부끄러워 마세요. 이 외에 **니하오**你好 nǐ hǎo, 혹은 **푸우위엔**服务员 fúwùyuán이라고도 할 수 있습니다.

주문은 종업원이 직접 주문을 받는 경우, 주문지를 주고 체크하게 하는 경우, QR코드를 스캔하여 주문하는 경우 이렇게 크게 세 가지로 나눌 수 있겠습니다. 요즘은 대다수의 음식점이 QR코드 스캔 방식으로 주문을 받고 있습니다. 위챗으로 스캔하고 주문하는 시스템인데요. 조작이 익숙지 않을 때 종업원에게 **메뉴판 주세요.**(菜单给我一下。 Càidān gěi wǒ yíxià.)라고 해도 됩니다. 그러나 요즘은 종이 메뉴판을 쓰지 않는 곳들이 더 많아서 '새로운 메뉴들은 종이 메뉴판에는 업데이트되어 있지 않아요.'라는 뜻으로 **메뉴판이 완전하진 않아요.**(菜单不全。 Càidān bù quán.)라고 하면서 주거나, 아예 종이 메뉴판이 없는 경우도 있습니다. 그럴 땐 종업원의 도움을 받아 온라인 주문에 도전해 보세요.

식당 QR코드 스캔 후 첫 화면에서는 보통 인원수를 체크하는데, 이는 인원수별 물값, 수저값을 셈하기 위함입니다. 통상 **식기류값**餐具费 cānjù fèi, **찻물 값**茶水费 cháshuǐ fèi이라고 칭하고 1~5元 사이로 받습니다.

 **예약하기**

유명 식당에 가야 하거나 특별한 모임이 있는 경우 예약이 필요합니다. 언제 몇 시에 몇 명의 자리가 필요한지 등의 몇 마디를 잘 숙지하고 있으면 간단 예약은 **식은 죽 먹기**(小菜一碟 xiǎocài yì dié)입니다!

 간단 버전

A 안녕하세요! 예약할 수 있나요?

你好，能预定吗? Nǐ hǎo, néng yùdìng ma?

B 모두 몇 분이세요? 시간은요?

一共几位? 什么时间? Yígòng jǐ wèi? Shénme shíjiān?

A 네 명이고, 9월 20일 저녁 6시요.

4位，9月20号晚上6点。 Sì wèi, jiǔ yuè èrshí hào wǎnshang liù diǎn.

B 가능합니다. 성함하고 전화번호 알려주세요.

没问题，您的名字和电话。 Méi wèntí, nín de míngzi hé diànhuà.

A 샨샨이고, 123-4567입니다.

我叫善善，123-4567。 Wǒ jiào Shànshan, yāo èr sān sì wǔ liù qī.

원하는 날짜에 이미 예약이 다 찼다 하여, 날짜를 바꾸는 경우입니다.

 심화 버전

A 안녕하세요! 예약할 수 있나요?

你好，能预定吗? Nǐ hǎo, néng yùdìng ma?

B 모두 몇 분이세요? 시간은요?

一共几位? 什么时间? Yígòng jǐ wèi? Shénme shíjiān?

A 네 명이고, 9월 20일 저녁 6시요.

4位，9月20号晚上6点。 Sì wèi, jiǔ yuè èrshí hào wǎnshang liù diǎn.

B 예약이 다 찼어요.

没位子了。 Méi wèizi le.

A 아, 그럼 9월 27일은요?

啊。那么9月27号呢? À. Nàme jiǔ yuè èrshíqī hào ne?

B 가능합니다.

可以。 Kěyǐ.

'방'으로 예약해야 하는 경우가 있죠. 별도의 방일 땐 통상 '최소 소비 비용'이 있습니다.

A 룸이 있나요?

有包间吗? Yǒu bāojiān ma?

B 있습니다.

有。 Yǒu.

A 최소 소비 비용이 있나요?

有最低消费吗? Yǒu zuì dī xiāofèi ma?

B 있습니다. 1000위안 이상입니다.

有，1000块以上。 Yǒu, yìqiān kuài yǐshàng.

중국 현지에선 술이나 음료의 식당 반입이 자유롭습니다. 즉 콜키지 비용을 받지 않아요. 2007년 제정된 《소비자권익보호조례(消费者权益保护条例)》에 따라 콜키지 비용을 요구하는 것을 금지하고 있습니다. 시행 초기에는 지키지 않는 곳도 있었지만 현재는 대부분이 잘 지켜지고 있으며, 심지어 예약한 식당으로 술을 배달시키기도 합니다.

A 술을 가져가도 되나요?

可以自己带酒吗? Kěyǐ zìjǐ dài jiǔ ma?

B 가져올 수 있습니다.

可以带。 Kěyǐ dài.

중국어로 상대에게 말을 건네는 순간이 중국어 실력이 눈에 띄게 느는 시작점이 되
는 것 같습니다. 물론 질문을 용감하게 던졌으나 상대의 대답을 전혀 알아들을 수
없는 경우가 허다하겠지만, 대화를 시도하고 상대가 내 질문을 알아들었다는 것만
으로도 큰 동기부여가 됩니다. 중국 식도락 여행 중에 직면하는 현지인과의 대화는
중국어 실력이 성장하는 기회가 될 것입니다. 대화를 유창하게 이어가지는 못하더
라도 간단한 한두 마디가 작은 기회가 될 것이고, 음식을 주문하고, 먹고, 계산하는
과정에서 그 기회를 포착할 수 있습니다.

식당 착석 후 나옴직한 대화를 정리해 봅니다. 한 마디 기억하셨다가 써먹어 보세요.

질문하기

❶ 주문할게요.

A 美女，点菜。Měinǚ, diǎn cài.
저기요. 주문할게요.

B 桌子上有二维码，
Zhuōzi shang yǒu èrwéimǎ,
테이블에 QR코드가 있습니다.

扫码就可以了。
sǎomǎ jiù kěyǐ le.
스캔하시면 됩니다.

❷ 메뉴판 있나요?

A 有菜单吗？Yǒu càidān ma?
메뉴판 있나요?

B 有，但是不全。Yǒu, dànshì bù quán.
있어요. 그런데 완전하지 않아요.

A 没问题，我看一下吧。
Méi wèntí, wǒ kàn yíxià ba.
괜찮아요. 한번 볼게요.

❸ 메뉴판이 없다고요?

A 有菜单吗？Yǒu càidān ma?
메뉴판 있나요?

B 没有，扫码点餐。
Méi yǒu, sǎomǎ diǎncān.
없습니다. 스캔하여 주문하세요.

A (스마트폰을 내밀며) 我看不懂，帮我一下。
Wǒ kàn bu dǒng, bāng wǒ yíxià.
무슨 말인지 모르겠습니다. 도와주세요.

❹ 여기 대표 메뉴가 뭐예요?

A 招牌菜是什么？
Zhāopáicài shì shénme?
대표 메뉴가 무엇인가요?

能不能推荐一下？
Néng bu néng tuījiàn yíxià?
추천해 주실 수 있나요?

B 这几个菜很好吃。
Zhè jǐ ge cài hěn hǎochī.
이 요리들이 맛있습니다.

⑤ 이 정도 주문하면 될까요?

A 两个人，3个菜够吗？
Liǎng ge rén, sān ge cài gòu ma?
두 명이서 요리 세 개면 충분한가요?

B 应该够了。
Yīnggāi gòu le.
충분할 것 같습니다.

⑥ 고수 빼 주세요.

A 里面有香菜吗？
Lǐmiàn yǒu xiāngcài ma?
안에 고수가 있나요?

B 有，但是可以不放。
Yǒu, dànshì kěyǐ bú fàng.
있습니다. 그런데 안 넣을 수도 있어요.

A 好的，我不要香菜。
Hǎode, wǒ bú yào xiāngcài.
네, 고수 빼 주세요.

질문받기

❶ 몇 명이세요?

A 几位？ Jǐ wèi? 몇 명인가요?

B 两位。 Liǎng wèi. 두 명이요.

❷ 예약하셨어요?

A 有预定吗？ Yǒu yùdìng ma?
예약하셨어요?

B 预定了。 Yùdìng le. 예약했습니다.

❸ 더 필요하신 게 있나요?

A 还有其他需要吗？
Háiyǒu qítā xūyào ma?
더 필요하신 게 있나요?

B 不用了，谢谢。 Bú yòng le, xièxie.
괜찮습니다. 감사합니다.

❹ 차 주문하시겠습니까?

A 需要茶水吗？ Xūyào cháshuǐ ma?
차 주문하시겠습니까?

B 来一壶普洱吧。 Lái yī hú pǔěr ba.
푸얼차 주세요.

❺ 접시 바꿔 드릴까요?

A 要不要换碟子？ Yào bu yào huàn diézi?
접시 바꿔 드릴까요?

B 换一下吧，谢谢。 Huàn yíxià ba, xièxie.
바꿔주세요. 감사합니다.

❻ 기피하는 것이 있나요?

A 有忌口吗？ Yǒu jìkǒu ma?
기피하는 것이 있나요?

B 不要香菜。 Bú yào xiāngcài.
고수 빼 주세요.

 # 식사 시 요구사항

주문한 음식을 기다리고, 음식이 나오고, 먹는 과정에서 활용 가능한 중국어 표현을
정리해 봅니다.

- 너무 느리네요. 재촉해 주세요. (= 음식이 너무 안 나오네요.)

  太慢了，帮我催一下。 Tài màn le, bāng wǒ cuī yíxià.

- 이건 우리가 주문한 것이 아니에요.

  这不是我们点的。 Zhè bú shì wǒmen diǎn de.

- 여기 너무 시끄럽네요.

  这里太吵了。 Zhèlǐ tài chǎo le.

- 여기 너무 추워요.

  这里太冷了。 Zhèlǐ tài lěng le.

- 여기 너무 더워요.

  这里太热了。 Zhèlǐ tài rè le.

- 이 테이블 너무 더러워요.

  这个桌子太脏了。 Zhè ge zhuōzi tài zāng le.

- 잔이 깨졌어요.

  这个杯子破了。 Zhège bēizi pò le.

- 맥주가 시원하지 않아요. 바꿔주세요.

  这瓶啤酒不凉，换一个吧。
  Zhè píng píjiǔ bù liáng, huàn yí ge ba.

음식에 관한 구체적인 요청 사항은 아래의 표현을 활용해 보세요.

- **음식이 ___ 해요.**

  → 너무 달아요. 太甜了。 Tài tián le.

  → 너무 짜요. 太咸了。 Tài xián le.

→ 너무 싱거워요. 太淡了。 Tài dàn le.

→ 너무 매워요. 太辣了。 Tài là le.

→ 너무 셔요. 太酸了。 Tài suān le.

→ 신선하지 않아요. 不太新鲜。 Bú tài xīnxiān.

→ 너무 딱딱해요. 太硬了。 Tài yìng le.

→ 너무 뜨거워요. 太烫了。 Tài tàng le.

→ 음식이 식었어요. 菜凉了。 Cài liáng le.

→ 탔어요. 질어요. 糊了。 Hú le.

→ (면이) 불었어요. (面条)坨了。 (Miàntiáo) tuó le.

→ 상한 것 같아요. 好像坏了。 Hǎoxiàng huài le.

→ 이 생선 너무 비려요. 这鱼太腥了。 Zhè yú tài xīng le.

→ 이 양고기는 누린내 나요. 这羊肉太膻了。 Zhè yángròu tài shān le.

● ▨▨▨▨ 해 주세요.

→ 데워주세요. 加热一下。 Jiārè yíxià.

→ 육수를 더 넣어주세요. 加点儿汤。 Jiā diǎnr tāng.

→ (반찬을) 더 주세요. 加点儿小菜。 Jiā diǎnr xiǎocài.

→ 덜 익혀주세요. 嫩一点儿。 Nèn yìdiǎnr.

→ 더 익혀주세요. 老一点儿。 Lǎo yìdiǎnr.

→ 뜨거운 물 주세요. 给我一杯白开水。 Gěi wǒ yì bēi báikāishuǐ.

→ 미지근한 물 주세요. 给我一杯温水。 Gěi wǒ yì bēi wēnshuǐ.

→ 얼음물 주세요. 给我一杯冰水。 Gěi wǒ yì bēi bīngshuǐ.

→ 생수 주세요. 给我一瓶矿泉水。 Gěi wǒ yì píng kuàngquánshuǐ.

→ 얼음 넣어 주세요. 加点儿冰块儿。 *Jiā diǎnr bīngkuàir.*

→ (음료를) 리필해 주세요. 帮我续杯。 *Bāng wǒ xù bēi.*

→ 포장해 주세요. 帮我打包。 *Bāng wǒ dǎbāo.*

→ 치워주세요. 这个撤了吧。 *Zhè ge chè le ba.*

→ 접시 바꿔주세요. 换一下碟子。 *Huàn yíxià diézi.*

→ 빈 그릇 주세요. 给我一个空碗。 *Gěi wǒ yí ge kōng wǎn.*

→ 테이블을 닦아주세요. 擦一下桌子。 *Cā yíxià zhuōzi.*

→ 젓가락 주세요. 给我一双筷子。 *Gěi wǒ yì shuāng kuàizi.*

→ 숟가락 주세요. 给我一把勺子。 *Gěi wǒ yì bǎ sháozi.*

→ 국자 주세요. 给我一把汤勺。 *Gěi wǒ yì bǎ tāngsháo.*

→ 휴지 좀 주세요. 给我一包纸巾。 *Gěi wǒ yì bāo zhǐjīn.*

→ 물티슈 있나요? 有湿巾吗? *Yǒu shījīn ma?*

→ 앞치마 있나요? 有围裙吗? *Yǒu wéiqún ma?*

→ 자리 바꿔주세요. 换一下位子。 *Huàn yíxià wèizi.*

→ 계산해 주세요. 结账。 *Jiézhàng.*

🧑‍🍳💬 결제 준비

해외 지불이 가능한 비자(Visa), 마스터카드(Mastercard)를 포함하고 있다면 중국에서도 한국 신용카드를 쓸 수 있지만 극히 제한적입니다. 큰 호텔이나 백화점 같은 대형 매장, 고급 식당에서는 한국 신용카드로 결제가 가능하지만, 일반적으로 대다수의 식당이나 노점에서는 사용할 수 없습니다. 실제 결제가 가능하더라도 외국인이 내미는 모르는 카드를 받아주지

©Ralf Liebhold

않는 곳도 많습니다. 때문에 위챗페이(WeChat pay)나 알리페이(Alypay) 어플을 미리 다운받아 세팅을 하고 가셔야 합니다. 우리나라로 치면 카카오페이라고 보시면 됩니다.

위챗페이는 중국어로 **웨이신즈푸**微信支付 wēixìn zhīfù이며, 중국 IT기업 텐센트(腾讯 téngxùn, Tencent)가 만든 모바일 결제 시스템입니다. 중국인 모두가 사용하고 있는 모바일 메신저로도 유명한데, 상호 송금, QR코드 스캔 결제가 가능합니다. 위챗 어플을 다운받고, 여권 정보와 함께 사용하고자 하는 신용카드를 등록해서 사용하면 됩니다. 중국 현지 신용카드의 경우 등록의 제약이 없지만, 한국에서 발급받은 신용카드는 등록이 안 되는 경우가 있습니다. 그럴 때는 '위챗 지갑'에 중국 친구에게 송금을 부탁하고 환전해 간 현금으로 주는 방법이 있습니다. 중국인 친구가 없다면 미리 예약하고 간 호텔 카운터에 현금을 내밀고 부탁해서 해결할 수도 있습니다. (실제 제 친구가 활용했던 방법이에요!)

알리페이는 중국 온라인 쇼핑몰 업체로 유명한 알리바바에서 만든 결제 시스템으로 **즈푸바오**支付宝 Zhīfùbǎo라고 하는데, 한국 신용카드 연결이 용이한 편이라 더 편리하게 사용할 수 있습니다. 알리페이가 카카오페이와의 연동 서비스를 제공하게 되면서 더 편해졌습니다. 카카오페이 결제 설정에서 국가를 '중국'으로 선택하면 됩니다. 공식적으로는 알리페이 플러스(Alypay+) 가맹점에서만 사용 가능하다고 하나, 지인의 경험에 따르면 알리페이가 되는 곳에서 사용할 수 있었다고 합니다. 다만 카카오페이를 낯설어하거나 실제로는 사용할 수 있음에도 안 된다고 하는 경우가 있으니, 위챗페이나 알리페이를 설치하고 가시길 추천합니다.

중국은 이미 현금 없는 세상입니다. 크고 작은 음식점에서뿐 아니라, 노점에서 양꼬치를 사 먹을 때도, 거리 악사의 연주 값을 지불할 때도, 구걸하는 노숙자에게 적선할 때도 QR코드를 스캔하지, 현금을 주진 않습니다. 장사하는 사람이면 현금도 응당 받아야 하나, 현금을 별로 가지고 있지 않으니 거스름돈을 줄 수 없는 경우가 많습니다. 그러니 중국에 가실 때 꼭 온라인 결제 시스템을 갖추고 가세요.

실수 방지 당부의 말

1 그릇을 찻물에 씻어 쓰는 문화가 있어요

식당에 가면 밥공기 크기의 그릇과 접시, 수저를 기본으로 세팅해 줍니다. 이때 함께 나오는 주전자의 뜨거운 찻물을 열탕 소독하듯이 접시와 그릇, 수저에 붓고 씻어낸 물은 찻물을 버리는 용도의 큰 사발 공기에 버립니다. 먼지를 한번 씻어낸다는 의미이기도 한데요. 잘 소독해서 포장되어 나오는 그릇도 습관처럼 같은 과정을 거치는데, 일종의 무의식적인 통과의례 같습니다.

2 그릇값, 물값이 있어요

중국에는 **찬쥐페이**餐具费 cānjù fèi, **차쉐이페이**茶水费 cháshuǐ fèi 라는 개념이 있습니다. 액면 그대로의 의미는 각각 식기류값과 찻물 값으로, 서비스 비용의 다른 이름입니다. 작게는 1元에서 많게는 5元까지 부과되는데, 식사 후 계산할 때 별도 항목으로 구분되어 영수증에 표시됩니다. 대신 팁 문화는 없습니다.

3 물이 달라요

음식점에서 기본 제공되는 물은 끓인 맹물인 **카이쉐이**开水 kāishuǐ 또는 **바이카이쉐이**白开水 báikāishuǐ 입니다. 혹은 저렴한 찻잎으로 우려낸 **차쉐이**茶水 cháshuǐ 를 주는데, 보통은 모두 뜨겁게 제공됩니다. **차가운 물 있나요?**(有冰水吗? Yǒu bīngshuǐ ma?)라고 물으면 대부분은 없다고 해요. 그땐 별도로 생수를 주문해서 마십니다. 생수는 중국어로 **쾅첸쉐이**矿泉水 kuàngquánshuǐ라고 하는데, 별도의 비용을 받습니다. 식당에서 종업원이 종종 **차가 필요하신가요?**(需要茶吗? Xūyào chá ma?)라고 물을 때가 있는데, 이때 말하는 차는 **차쉐이페이**茶水费 cháshuǐ fèi에 비용이 포함된 기본 차가 아니라, 추가 비용을 내고 별도로 주문하겠냐는 의미입니다. 주문하겠다면 차의 종류를 골라 주문하면 됩니다.

4 휴지를 쓸 때 무료인지 유료인지 확인하세요

식당의 휴지꽂이에 휴지가 꽂혀져 있는 경우도 있고, 작은 종이 박스나 비닐에 넣어져 포장된 채로 비치되어 있는 경우도 있습니다. 전자의 경우 **찬쥐페이**餐具费 cānjù fèi에 이미 비용이 포함되어 비용 추가가 필요 없는 것이고, 후자는 뜯는 순간 비용을 지불해야 합니다. 식사 후 계산할 때 식당 입장에서는 으레 포장 휴지를 뜯어 사용했다

고 보고 비용을 추가하여 계산하는데, 쓰지 않았다면 비용을 빼달라고 말해야 합니다. 저는 절약하는 마음으로 개인 휴지를 들고 다녔고, 비치된 휴지 박스를 뜯었다면 남은 휴지는 집으로 가져가 활용했습니다.

5 포장 문화가 있어요

남은 음식은 포장해 가는 것이 아주 자연스럽습니다. **포장해 갈래요.**(我要打包。Wǒ yào dǎbāo.)라고 하면, 일회용 포장 용기를 가져다 주고, 별도의 용기 비용을 받습니다. 비닐봉지로 담아가도 괜찮을 듯하다면, **비닐봉지 하나 주시겠어요?**(可以给我一个塑料袋吗? Kěyǐ gěi wǒ yí ge sùliàodài ma?)라고 해보세요. 보통은 무료로 주기도 합니다.

6 맥주는 특별히 '차가운 것으로 주세요!'라고 요청해야 해요

중국 사람들은 차가운 음료를 그리 즐기지 않습니다. 위장에 좋지 않다는 이유 때문입니다. 그래서 맥주도 보통은 상온에 두고 마십니다. 음식점에서 맥주를 주문하면 으레 미지근한 상온의 맥주를 내오는데, 꼭 차가운 것으로 달라고 해야 합니다.

PART 2

워밍업!
중국 음식
맛보기

1 중국에도 **짜장면**이 있나요?

'중국 음식' 하면 짜장면이죠. 한국으로 건너온 화교를 통해 전해졌다는 짜장면은 계량 짜장면으로, 실제 중국에는 없다는 것은 이미 많이 알려져 있습니다. 한국식 짜장면은 중국식 **장**酱 jiàng 에 캐러멜소스가 첨가되어 달달한 맛이 강하고, 중국 북방의 짜장면은 짠맛이 메인입니다.

중국어는 단어에 뜻을 포함하고 있으니, 음식명만 뜯어봐도 재료나 조리법을 알 수 있습니다. **짜장면**炸酱面 zhájiàngmiàn 은 이름 그대로 기름에 튀긴(炸) 장(酱)을 삶은 면(面)에 얹은 음식으로, 북방의 대표 면 요리입니다. 볶은 장과 면을 비비고 그 위에 무채, 콩나물, 콩 등을 더해 먹습니다.

한국의 짜장면

여기서 '장'은 된장, 고추장 할 때 그 장입니다. 짜장면의 **장**은 **노란 콩**黄豆 huángdòu을 발효시킨 **콩장**黄豆酱 huángdòujiàng 에 다진 돼지고기를 넣어 볶다가, 밀가루를 발효시켜 만든 **톈멘장**甜面酱 tiánmiànjiàng 을 첨가한 것으로, 콩장과 톈멘장의 비율은 8:2로 합니다. 톈멘장은 베이징(北京)의 장이라고 하여 **징장**京酱 jīngjiàng 이라고도 해요. 양꼬치 집에서 흔히 겸해서 파는 **징장러우쓰**京酱肉丝 jīngjiàngròusī에도 쓰입니다. 징장러우쓰는 얇게 채를 썬 돼지고기(肉丝)를 징장(京酱)에 볶아내고 전병에 야채와 함께 얹어 싸 먹는 요리죠. **베이징카오야**北京烤鸭 Běijīng kǎoyā를 찍어 먹는 장도 바로 이 톈멘장입니다.

중국의 '장'은 곡물을 발효시켜 만든 양념이나 고추기름에 발효장을 섞은 양념들을 총칭해요. 장 종류만 알아도

깨장 芝麻酱 zhīmajiàng

깨 소스로, 마장(麻酱)이라 줄여 말하기도 합니다. 마라훠궈를 먹을 때, 땅콩장과 깨장을 2:8로 섞으면 이팔장(二八酱)이 되는데 마라한 맛을 중화시키는데 일조해요.

두반장 豆瓣酱 dòubànjiàng

중국식 된장입니다. 염장한 콩과 고추를 더해 매운맛이 나요.

표고버섯장 香菇酱 xiānggūjiàng

중국식 된장에 고추기름, 산초, 다진 표고버섯을 넣은 양념으로, 면에 얹어 비벼 먹으면 꿀맛이에요.

엑스오장 XO酱 XOjiàng

말린 조개, 전복, 갑각류를 넣고, 굴소스와 각종 향신료를 넣고 졸여 만든 고급 장입니다. XO는 양주 브랜디의 45년 이상 된 숙성 등급에 붙는 명칭인 'Extremely Outstanding'에서 온 것으로, '고급스러운 소스'라는 의미로 붙인 것이라고 합니다.

샤차장 沙茶酱 shāchájiàng

땅콩버터와 땅콩기름을 베이스로 하고 여기에 굴소스, 말린 새우, 코코넛, 마늘, 고춧가루 등을 섞어 볶아 만든 남쪽 지역의 대표 소스입니다.

다양한 요리의 맛을 알아채는 데 꽤 유리해집니다.

그렇다면, 한국의 된장은? **따장**大酱 dàjiàng 이라고 합니다. 고추장은 직역하면 **라쟈오장**辣椒酱 làjiāojiàng 정도인데, 딱히 다르게 번역할 표현이 없습니다. 하지만 중국에서 흔히 일컫는 '라쟈오장'은 중국식 된장에 고추기름을 섞은 모양새라 한국의 고추장과는 차이가 크니, 주문 시 유의하세요. 우리나라의 고추장을 생각하고 주문하면 당황할 수 있습니다.

그리고 짜장면의 단짝 짬뽕을 빼놓을 수 없죠. 짬뽕은 일본으로 건너간 화교에 의해 만들어진 다음 한국에 전해졌는데 일본어로 '한데 섞음'을 뜻하는 '잔폰'이 변형된 이름이라고 합니다. 중국어로는 **차오마몐**炒码面 chǎomǎmiàn이라고 해요. 비슷한 발음으로 표기하여 '草马面 cǎomǎmiàn'이라고도 합니다. 선전(深圳)의 한 한국 식당 메뉴판에서는 **해산물 탕면** 海鲜汤面 hǎixiān tāngmiàn이라고 적혀있는 것을 본 적 있습니다.

Track 005

A 짜장면 진짜 맛있어요. 중국에도 짜장면이 있나요?

我觉得炸酱面特别好吃。中国也有炸酱面吗?

Wǒ juéde zhájiàngmiàn tèbié hǎochī. Zhōngguó yě yǒu zhájiàngmiàn ma?

B 있어요. 그런데 한국의 것과는 달라요.

有，但是和韩国的不一样。

Yǒu, dànshì hé Hánguó de bù yíyàng.

A 뭐가 달라요?

有什么不一样? Yǒu shénme bù yíyàng?

B 한국 것은 달고, 중국 것은 짭짤해요.

韩国的是甜的，中国的是咸的。

Hánguó de shì tián de, Zhōngguó de shì xián de.

가볍게 문법 짚기 **特别＋형용사** 매우 ~해요

특정한 물건이나 상황이 특히 어떤 속성을 가지고 있음을 강조할 때 사용합니다.

예 麻辣烫特别辣。Málàtàng tèbié là. 마라탕은 특히 매워요.

这个菜特别酸。Zhège cài tèbié suān. 이 요리는 특히 신맛이 나요.

这个菜特别烫。Zhège cài tèbié tàng. 이 요리는 매우 뜨거워요.

 메뉴판 볼 때 유용한 **맛단어**

Track 006

장 [간장, 된장 등을 통틀어 말함]	**酱** jiàng	소고기	**牛肉** niúròu
(기름을 사용하여) 튀기다	**炸** zhá	돼지고기	**猪肉** zhūròu
밀가루면	**面** miàn	오리고기	**鸭肉** yāròu
땅콩	**花生** huāshēng	양고기	**羊肉** yángròu

2 마라탕의 마는 무슨 뜻이에요?

중국에만 있는 맛, **마라**麻辣 málà. 마라는 얼얼하게 아리고(麻) 맵다(辣)는 뜻으로 한국의 단맛이 도는 매움과는 차원이 다른 맛입니다. 혀를 마비시키는 듯한 독특한 느낌이 꽤 신선하게 느껴졌는지, 한국 곳곳에 **마라탕**麻辣烫 málàtàng 전문점이 유행처럼 번졌습니다.

고기, 야채, 버섯 등을 고른 후 무게를 달아 값을 매기고, 마라한 국물에 한소끔 끓여내는 마라탕은 자신의 취향껏 재료를 고를 수 있고, 비교적 빠르게 나온다는 장점을 무기로 하여 우리나라 직장인, 학생들의 대표 간편식으로 자리매김했습니다. 마라탕에서 탕은 '국물'을 뜻하는 **탕**汤 tāng이 아니고, '뜨겁다'의 **탕**烫 tàng입니다. 얼얼하고, 맵고, 뜨거운 마라탕의 맛을 생생히도 형용하는 이름입니다.

마라탕의 각종 재료들

마라탕은 마라한 맛의 정도를 선택할 수 있습니다. 초보자가 도전해 볼 만한 **착한 매운맛**微辣 wēi là이 있고, 신라면 정도의 **중간 매운맛**中辣 zhōng là 혹은 **보통 매운맛**正常辣 zhèngcháng là 그리고 **아주 매운맛**特辣 tè là으로 나눕니다. 재치 있는 마라탕집에서는 '아주 매운맛'을 **변태 매운맛**变态辣 biàntài là이라고도 합니다. 매운맛이 싫다면 **맑은 사골국물탕**清汤 qīngtāng, 즉 **칭탕**을 고를 수도 있는데, 마라탕의 변형이라 할 수 있습니다. 칭탕으로 주문한 후에 첨가 양념 코너에 가서 다진 마늘을 잔뜩 넣고 채 친 고추를 조금 넣으면, 아주 훌륭한 해장 음식이 됩니다.

팔각

마라탕은 각종 향신료를 볶아 기름을 내고, 두반장을 추가한 후 사골 육수를 부어 만드는데, 향신료는 **화쟈오**花椒 huājiāo, **팔각**八角 bājiǎo, **쯔란**孜然 zīrán 등입니다. 여기서 화쟈오가

화쟈오

바로 마라 맛을 내는 주범입니다. 한의원에 가면 구할 수 있는 소화제 환약 정도의 크기로, 색에 따라 붉은색인 **홍화쟈오**红花椒 hónghuājiāo와 녹색인 **뤼화쟈오**绿花椒 lǜhuājiāo가 있어요. 이중에 뤼화쟈오가 더 마라한 맛이 강하다 하여 **마쟈오**麻椒 májiāo라고 부르기도 합니다.

마라탕

마라는 중국 중남부 쓰촨(四川)의 맛이에요. **마라탕**麻辣烫 málàtàng, **마라샹궈**麻辣香锅 málàxiāngguō, **마라생선**麻辣鱼 mála yú, **마라소고기채**麻辣牛肉丝 mála niúròusī 등 다양한 음식으로 파생됩니다. 음식 이름에 '마라'라는 단어가 나오면 '맵고 얼얼하구나'라고 생각하시면 됩니다. 재료명은 알지 못하더라도 최소한 어떤 맛인지는 알고 먹을 수 있으니깐요!

초보 마라러에게는 마라탕 외에 **마라샹궈**와 **마라꼬치**串串香 chuàn chuàn xiāng를 추천합니다. 마라탕, 마라샹궈, 마라꼬치는 마라 3대장이라 할 수 있어요. 마라샹궈는 마라 양념에 재료를 볶아내는 음식이에요. '샹궈'는 '향이 나는 솥 또는 냄비'라는 뜻이어서, '마라샹궈'는 '마라 향이 나는 한 그릇 음식'이라고 해석할 수 있겠습니다. 마라꼬치는 마라 양념에 볶은 재료를 꼬치로 끼워 만드는데, '꿰다', '엮다'라는 뜻의 촨(串)을 두 번 넣고, '향기'라는 뜻의 샹(香)을 더해 **촨촨샹**이라는 귀여운 발음을 가진 간식입니다. 마라탕, 마라샹궈는 따뜻하게 나오는데 반해, 마라꼬치는 탕에 넣어 뜨끈하게 먹어도 되고 마라 양념만 발라 차게도 먹을 수 있습니다. 마라꼬치는 꿸 수 있는 모든 것을 꿰어 진열장에 두고 골라 먹는 재미가 쏠쏠해요. 불금 저녁 중국 길거리에 마라꼬치를 담은 큰 종이컵을 들고 다니는 젊은이들을 자주 볼 수 있습니다.

마라탕이 처음 한국에 들어올 땐 중국인들이 소규모로 운영하는 골목 식당 음식이었습니다. 중국 체류 경험이 있는 사람들이 그 맛을 잊지 못해 찾았고, 한국에 체류 중인 중국인들이 늘면서 이제 여러 체인점이 즐비해 짜장면 급으로 어디를 가도 맛볼 수 있는 음식이 되었습니다. 워낙 보편화되다 보니 맛도 본토와 크게 다르지 않은 것 같습니다. 중국으로 식도락 여행을 준비 중이라면 중국인이 운영하는 마라탕집에 먼저 방문해 보시길 권합니다. 실전을 마주하기 전에 중국어로 주문해 볼 수 있는 최적의 연습 장소입니다.

Track 007

A 마라탕은 너무 매워요. 마라탕의 '마'는 무슨 뜻인가요?

麻辣烫太辣了。麻辣烫的"麻"是什么意思？

Málàtàng tài là le. Málàtàng de "má" shì shénme yìsi?

B '마'는 화쟈오의 맛이에요.

"麻"是花椒的味道。"má" shì huājiāo de wèidao.

A 화쟈오가 무엇인가요?

花椒是什么？ Huājiāo shì shénme?

B 중국 요리에 자주 사용되는 향신료로, 모양이 꽃(花) 같아서 '화쟈오'라고 불러요.

是中国菜常用的香料，样子像花，所以叫"花椒"。

Shì Zhōngguó cài cháng yòng de xiāngliào, yàngzi xiàng huā, suǒyǐ jiào "huājiāo".

가볍게 문법 짚기 **太+형용사+了** 너무 ~해요

'太'는 '너무', '몹시'라는 뜻으로, 정도가 지나침을 의미하는 정도부사입니다. 주로 '太+형용사+了'의 형태로 쓰여 '너무 ~하다'라는 뜻을 나타내요.

例 这面太硬了。 Zhè miàn tài yìng le. 이 면은 너무 딱딱해요.

这饮料太甜了。 Zhè yǐnliào tài tián le. 이 음료는 너무 달아요.

这个菜太咸了。 Zhège cài tài xián le. 이 요리는 너무 짜요.

 메뉴판 볼 때 유용한 맛단어

Track 008

국물, 탕	汤 tāng	산초 열매 [화쟈오]	花椒 huājiāo
데우다, 뜨겁다	烫 tàng	고추	辣椒 làjiāo
매운	辣 là	피망	青椒 qīngjiāo
보통 매운	正常辣 zhèngcháng là	(매운) 꽈리고추	尖椒 jiānjiāo
아주 매운	变态辣 biàntài là	파프리카	彩椒 cǎijiāo

3 탕후루는 무엇으로 만들어요?

중국 북방지역의 길거리 간식 탕후루가 한국식으로 변모하여 이제는 젊은 층의 대표 주전부리로 자리 잡았습니다. 긴 나무 꼬챙이에 딸기, 청포도, 귤 등의 과일을 꿰고 설탕물을 입혀 굳힌 것이 새콤달콤 아삭해서 요즘 청소년들에게 인기 만점입니다. TV 광고에도 탕후루가 등장하고, 학교 근처 문구점의 입구에 '탕후루 금지' 안내문이 붙을 정도이니 열풍이 한차례 지나갔어도 여전히 인기가 높아 보입니다. **탕후루**糖葫芦 tánghúlu 는 설탕(糖)을 입힌 표주박(葫芦)이란 뜻인데, 긴 나무 꼬챙이에 산사나무 열매를 꿰고 열매 겉에 설탕물을 바른 모양이 꼭 표주박 모양 같아서 붙은 이름이에요. 설탕 코팅이 얼음(冰) 같아 **뻥탕후루**冰糖葫芦 bīngtánghúlu 라고도 합니다.

탕후루 재료의 원조는 **산사나무 열매**입니다. **산사**山楂 shānzhā 는 미니 사과 모양으로 새큼한 맛에 아삭한 식감을 가진 열매입니다. 매실과 유사한 맛이며 소화에 도움을 줘 약재로도 쓰여요. 산사 열매는 썰어 말려 마른 과일로 먹기도 하고, 씨를 제거하고 말려 가루로 만든 다음 뭉쳐서 얇은 슬라이스 형태로 만든 **산사편**으로도 먹습니다. 산사 가루에 설탕과 전분을 넣고 끓인 후에 다양한 형태로 빚어 디저트로 만들 수도 있는데 **산사젤리, 산사떡, 산사롤젤리** 등 모양을 바꿔 다양하게 파생되었습니다. 과육에 그대로 설탕 가루를 입힌 **산사맛탕**, 설탕에 졸인 **산사설탕절임**도 있습니다.

산사롤젤리

산사 탕후루

산사 디저트는 북방 중국인에게는 **세대를 아우르는 간식**입니다. 할머니도, 어린 손녀도 먹어본 추억의 간식이죠. 베이징 최대 쇼핑거리 첸먼(前门)에 가면 **라오베이징 산자팡**老北京山楂坊 lǎo Běijīng shānzhā fāng 이라는 간식 가게가 있습니다. 이름 그대로 산사 관련 간식이 가득한 곳이니 방문해 볼 것을 강력 추천합니다.

산사설탕절임

A 탕후루는 정말 달아요! 무엇으로 만들어요?

糖葫芦真甜！是用什么做的?

Tánghúlu zhēn tián! Shì yòng shénme zuò de?

B 산사로 만들어요.

是山楂做的。 Shì shānzhā zuò de.

A 딸기가 아니예요?

不是草莓吗? Bú shì cǎoméi ma?

B 처음에는 산사였고, 나중에야 다른 과일을 사용하기 시작했어요.

一开始是山楂，后来才开始用其他水果。

Yì kāishǐ shì shānzhā, hòulái cái kāishǐ yòng qítā shuǐguǒ.

 真+형용사 진짜 ~하다

'真'은 '정말', '진짜'라는 뜻으로, '真+형용사'의 형식으로 쓰여 감탄문을 만들 수 있어요.

예 这个菜真辣! Zhège cài zhēn là! 이 요리 정말 매워요!

这个菜真好吃! Zhège cài zhēn hǎochī! 이 요리 정말 맛있어요!

 메뉴판 볼 때 유용한 **맛단어**

 Track 010

설탕	糖 táng	산사떡	山楂糕 shānzhāgāo
산사맛탕	雪红果 xuě hóngguǒ	산사롤젤리	山楂卷 shānzhājuǎn
산사설탕절임	炒红果 chǎo hóngguǒ	귤	桔子 júzi
산사편	山楂片 shānzhāpiàn	딸기	草莓 cǎoméi
산사젤리	果丹皮 guǒdānpí	포도	葡萄 pútao

4 한국의 중화요리는 진짜 중국요리인가요?

중국음식점에 가면 탕수육, 깐풍기, 유산슬, 팔보채 등 이른바 중화요리가 있습니다. 이들은 짜장면, 짬뽕 이외에 '요리도 좀 시키자' 하면 추가되는 메뉴들로, 손님치레나 입학, 졸업, 어른의 생신 등 특별한 날에만 먹을 수 있던 것들입니다. 짜장면, 짬뽕은 그저 일반적인 식사로 분류되지요.

탕수육은 중국 현지에서는 **탕추러우**糖醋肉 *tángcùròu* 라고 합니다. 탕추러우는 설탕(糖)과 식초(醋) 맛의 고기(肉), 즉 '달달새콤한 고기'라는 뜻인데, 우리가 알고 있는 바로 그 탕수육의 맛입니다. 다른 점이 있다면 부먹이냐 찍먹이냐 고민할 필요 없이 고기에 양념 코팅이 입혀 나온다는 것입니다. 비슷한 류로 **꿔바러우**锅包肉 *guōbāoròu* 가 있어요. 꿔바러우는 돼지고기를 얇고 넓적하게 썰어 튀겨낸 것에 탕추소스를 뿌려 먹는데, 탕추러우보다는 소스가 더 걸쭉하고 식감이 쫀득한 것에 그 차이가 있습니다. 꿔바러우는 청나라 시절 러시아 사신을 접대하기 위해 러시아 인들의 입맛에 맞춰 소스를 개발하면서 만들어진 요리라고 합니다. 음식에 러우(肉)가 들어가면 대부분이 돼지고기를 의미해요. 돼지고기 외의 다른 고기일 경우, 예를 들어 소고기는 **뉴러우**牛肉 *niúròu*, 양고기는 **양러우**羊肉 *yángròu* 처럼 전체 이름이 들어가게 표기합니다.

다음으로는 깐풍기, 라조기, 유린기 이렇게 3종 기(鸡) 세트가 있습니다. **기** 가 들어간 요리는 **닭고기**가 주재료입니다. '닭'을 뜻하는 '鸡 jī'의 산둥식 발음이 '기'이기 때문이에요. **깐풍기**干烹鸡 *gānpēngjī* 는 튀긴 닭 조각을 고추기름이 들어간 매콤한 소스로 볶아낸 요리예요. '깐풍'은 **마르게(干) 볶아내다(烹)**라는 뜻으로, 양념을 재료에 코팅하듯이 조려 볶아내는 것을 말하는데 중국에는 없는 중국 음식입니다. **라조기**辣椒鸡 *làjiāojī* 는 닭 조각 튀김에 매운 고추 베이스의 양념을 버무린 것으로, 라쟈오(辣椒)는 '매운 고추'를 의미합니다. 우리나라의 중식당에서 맛볼 수 있는 라조기는 쓰촨요리의 하나로, 매운 정도가 강한 탕수육 같다는 생각이 많이 들어요. 본토의 라조기는 바삭한 식감에 마라 맛이 나는 양념이 매력적인 음식입니다. 마른 붉은 고추가 잔뜩 들어가 보기에도 예쁘고 한국인 입맛에 착 맞습니다. 마지막으로 **유린기**油淋鸡 yóulínjī는 **기름(油)이 뿌려진(淋) 닭(鸡)**을 말해요. 토막 낸 닭에 녹말가루를 입혀 튀기고 간장 베이스 소스에 각종 야채들과 버무려 내는데, 꼭 치킨샐러드 같습니다. 광둥요리에서 동일한 이름의 음식을 찾아볼 수 있지만, 광둥요리의 유린기는 구운 닭 위에 소스를 얹어 조린 형태로, 우리나라의 유린기와는 다른 모습입니다.

그리고 팔보채, 유산슬, 양장피가 있습니다. **여덟 가지(八) 보물(宝) 음식(菜)**이라는 뜻의 **팔보채**八宝菜 bābǎocài는 갖가지 해산물과 야채를 녹말물에 섞어 볶아내죠. '팔보'의 '8'은 정확히 '여덟 가지'라기보다는 '각종', '다양한'의 의미가 더 강해요. 중국에는 여덟 가지, 혹은 그 이상의 약재를 섞은 차인 **팔보차**八宝茶 bābǎochá가 있고, 찹쌀에 잡곡과 견과류를 넣어 지은 밥인 **팔보반**八宝饭 bābǎofàn도 있습니다. 팔보반은 우리의 약식과 유사해요.

팔보차

유산슬의 유(溜)는 뜨거운 용기에 기름을 붓고 그 기름이 거의 뜨거워졌을 때 재료를 넣고 볶은 후 녹말가루 갠 것 따위를 부어 몇 차례 뒤집으며 다시 볶는 조리법을 말합니다. 산(三)은 세 가지, 슬(丝)은 가늘게 채 썬 형태를 말해요. 세 가지 이상 재료를 가늘게 썰어 유(溜) 하는 음식이죠. 한국식 중국 요리라고 할 수 있습니다. 마지막으로 양장피는 전분을 녹여 넓적하고 얇게 만든 면과 야채를 겨자소스에 버무려 먹는 요리

팔보채

입니다. 하지만 중국에는 우리가 아는 양장피는 없습니다. 중국에는 유사한 이름의 **량피**凉皮 liángpí가 있어요. 량피는 진시황의 고장 시안(西安)의 대표 길거리 간식입니다. 한국의 양장피는 고급 요리에 속하는 반면, 량피는 전분면이 들어간다는 점은 같지만 매콤 양념에 채를 썬 채소가 들어가는 비빔국수 느낌의 간편 분식에 가까워요. 한국 양장피의 중국어 명칭을 중국 친구들에게 물어봤는데, 다들 작명이 필요하다며 어려워했습니다. 결국 **한국식 양피**韩式凉皮 Hánshì liángpí 정도로 정리했습니다.

 음식 대화 곁들이기

A 한국 중식당의 요리는 진짜 중국 요리인가요?
韩国中餐厅的菜是真正的中国菜吗?
Hánguó zhōng cāntīng de cài shì zhēnzhèng de Zhōngguó cài ma?

B 예를 들면 어떤 요리요?
比如哪些菜? Bǐrú nǎxiē cài?

A 예를 들어 깐풍기, 탕수육 같은 거요.
比如干烹鸡,糖醋肉什么的。
Bǐrú gānpēngjī, tángcùròu shénme de.

B 이런 음식들은 한국인의 입맛에 맞춰 만들어진 것이라, 중국 음식과는 조금 달라요.
这些都是按韩国人口味做的,和中国菜不太一样。
Zhèxiē dōu shì àn Hánguó rén kǒuwèi zuò de,
hé Zhōngguó cài bú tài yíyàng.

가볍게 문법 짚기 **A是……吗?** A는 ~인가요?

'是'는 '~이다'의 의미를 가지며, 주어와 서술어를 연결하여 어떤 사실이나 상태를 단정하는 동사입니다. 'A是…… 吗?'는 특정 사실이나 상태가 맞는지 질문할 때 사용합니다. 맞냐 틀리냐를 묻는 정반의문문의 형태로, 'A是不 是……?'라고도 표현할 수 있어요.

例 小笼包是广东的吗? Xiǎolóngbāo shì Guǎngdōng de ma? 샤오롱바오는 광동의 요리인가요?
烤鸭是北京菜吗? Kǎoyā shì Běijīng cài ma? 카오야는 베이징 요리인가요?

 메뉴판 볼 때 유용한 맛단어

식초	醋 cù	유산슬	溜三丝 liūsānsī
가늘고 긴 모양새 [쓰]	丝 sī	깐풍기	干烹鸡 gānpēngjī
유린기	油淋鸡 yóulínjī	양장피	韩式凉皮 Hánshì liángpí
한국식 라조기	辣椒鸡 làjiāojī	팔보채	八宝菜 bābǎocài

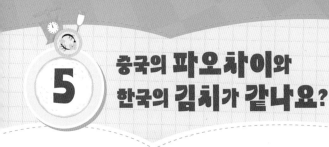
중국, 중국어를 접해본 사람이라면 '김치 논쟁'을 풍문으로라도 들어본 적이 있을 것입니다. 2020년 12월 중국의 한 네티즌이 '한국 김치의 기원은 중국의 파오차이(泡菜)'라고 하면서 이 논쟁이 시작됐습니다. 발단은 2020년 11월 24일 국제 표준화기구 IOS(International Organization for Standardzation)에서 중국의 파오차이를 국제 규격으로 승인하면서부터인데, IOS에서 승인한 파오차이 규격에는 "이 문서는 (한국의) 김치에 적용되지 않는다"라는 별도 표기를 했으니 논란이 될 거리가 아니었습니다. 허나 우리의 김치를 이제까지 중국어로 파오차이(泡菜)라 해왔으니, 혼동하여 논란을 삼기는 좋았을 겁니다. 한국의 김치(Kimchi)는 2001년에 국제 식품규격위원회(CODEX)에 표준규격으로 등재된 바 있습니다. 그러니 김치와 파오차이 논란은 애초에 불필요한 소모전이었습니다.

우리나라의 김치

파오차이는 채소류를 염장해 절임한 것을 말하는데, 발효 채소나 장아찌를 포함해요. 중국에서는 쓰촨성의 파오차이가 가장 유명합니다. 보기엔 야채피클 같은데, 우리가 흔히 아는 피자의 단짝인 피클은 식초 맛이 강한 반면, 중국식 피클 파오차이는 짠맛이 더 강합니다. 그리고 중국음식점에 가면 반찬처럼 나오는 짜사이가 있죠. '짜사이'는 원래 이름인 **짜차이**榨菜 zhàcài가 잘못 발음되며 정착한 표현인데, 짜

쓰촨 파오차이

차이라는 채소를 채 썰어 염장하고 식초, 고추기름에 묻혀 내는 이 녀석은 칼칼한 맛이 일품입니다.

중국의 **장아찌**醬菜 jiàngcài는 우리의 장아찌보다는 사실 삭힌 형태에 더 가깝습니다. 한국에도 들어와 있는 훠궈 전문점 **하이디라오**(海底捞)의 소스 코너에 가

면 누런빛을 띠는 삭힌 두부 소스를 볼 수 있어요. 이는 소스가 아니라 장아찌의 한 종류입니다. 맵쌀에 누룩을 섞어 발효시킨 **홍취**红曲 hóngqū에 두부를 삭혀 만든 것인데, 낯설더라도 맛보기에 도전해 보시길 권유합니다.

사실 오랫동안 우리나라 김치의 중국어 표현으로 파오차이를 써왔습니다. 사실 파오차이란 명칭은 제조법이 유사한 데서 범용의 의미로 차용하여 썼던 것입니다. 논란이 생겨 이를 구분지을 필요가 생겼고 **문체부가 2021년 7월 신치** 辛奇 xīnqí라 작명했습니다. 맵고(辛), 신기한 또는 신비로운(奇) 것이라는 의미로, 발음도 김치와 유사하게 하려 고민한 흔적이 보이지만 아직 널

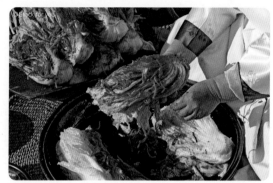
우리나라의 김장하는 모습

리 통용되고 있진 않아요. 김치볶음밥은 **신치차오판**辛奇炒饭 xīnqí chǎofàn이라고 해야 맞지만, 여전히 **파오차이차오판**泡菜炒饭 pàocài chǎofàn이라고들 합니다.

Track 013

A 중국의 파오차이와 한국의 김치가 같나요?

中国的泡菜和韩国的辛奇是一样的吗？

Zhōngguó de pàocài hé Hánguó de xīnqí shì yíyàng de ma?

B 다릅니다. 중국 파오차이는 대체로 흰색이고, 한국의 김치는 빨간색입니다.

不一样，中国泡菜一般是白色的，韩国的辛奇是红色的。

Bù yíyàng, Zhōngguó pàocài yìbān shì báisè de, Hánguó de xīnqí shì hóngsè de.

A 파오차이는 어느 지역 거예요?

泡菜是哪个地方的？ Pàocài shì nǎ ge dìfang de?

B 많은 지역에 파오차이가 있어요. 예를 들면 쓰촨, 둥베이 같은 곳에서요.

很多地方都有泡菜，比如四川、东北什么的。

Hěn duō dìfang dōu yǒu pàocài, bǐrú Sìchuān、Dōngběi shénme de.

 A和B一样/不一样 A와 B는 같아요/달라요

두 가지 사물 또는 개념을 비교한 결과가 서로 같거나 다름을 나타낼 때 사용됩니다.

예 包子和饺子不一样。Bāozi hé jiǎozi bù yíyàng. 빠오즈와 쟈오즈는 달라요.
　 韩国的醋和中国的醋不一样。Hánguó de cù hé Zhōngguó de cù bù yíyàng. 한국의 식초와 중국의 식초는 달라요.

 메뉴판 볼 때 유용한 맛단어

 Track 014

무우청 느낌의 말린 채소 혹은 우거지류	梅菜 méicài		장아찌	酱菜 jiàngcài
쓰촨 등 지역의 채소 절임	泡菜 pàocài		야채 절임, 절인 채소	腌菜 yāncài
짜차이	榨菜 zhàcài		절인 배추류	酸菜 suāncài

43

6 중국에서 한국 음식을 먹을 수 있나요?

 중국 여행 중에 한국 음식이 먹고 싶어지는 순간이 생깁니다. 그럴 때 한국 식당을 찾게 되는데, 누군가는 굳이 왜 중국에 가서까지 한국 음식을 찾냐 할 수 있겠으나 중국 속 한국 식당의 조금은 낯선 풍경도 또 하나의 새로운 경험이 될 수 있습니다. 한류에 의해 드라마나 영화를 통해 한식이 많이 알려져 한국 식당들도 쉽게 찾아볼 수 있고, 좀 더 한국적인 음식을 먹고 싶다면 한인타운을 찾아도 됩니다. **베이징의 왕징**, **상하이의 훙첸루**가 대표적인 한인타운입니다. 한인타운에는 한국 슈퍼, 옷가게, 약국 등이 있으니 필요한 한국 물품을 구하기도 편해요.

중국 사람들에게 알려진 대표적인 한식 두 가지는 **불고기** 烤肉 kǎoròu 와 **치맥** 炸鸡和啤酒 zhájī hé píjiǔ 정도를 꼽을 수 있습니다. 우리나라에서는 불고기를 먹으러 갔을 때 직접 굽거나, 좀 비싼 곳에 가면 전담 직원이 구워주기도 하죠. 중국에서는 전담 직원이 직접 구워주는 것이 일반적이고 보통은 자리에서 구울지, 따로 구워다 줄지를 묻습니다. 치맥은 <별에서 온 그대 来自星星的你>에서 전지현 배우가 먹어서 유명해졌는데, 한때는 중국인들이 한국에 치맥을 먹으러 올만큼 그 인기가 상당했습니다. 그리고 <응답하라 1988 请回答1988>이 중국 사람들의 사랑을 받게 되면서, 실내 포장마차 느낌의 복고풍 한국 식당 체인점도 생겨났고, 한국 음식 먹방 유튜버도 생길 만큼 한국 음식의 보편화는 오래된 일이에요. 중국 여행 중에 한국 음식이 땡길 경우 관광지라면 어디서나 한국 식당 하나쯤은 있을 테니 걱정하지 않으셔도 됩니다.

만약 베이징에 간다면 북한 식당 방문도 추천합니다. 베이징에 '옥류관', '대동강'이란 이름의 북한 식당이 있는데, 북한식 표기의 메뉴판이 있고, 원조 평양냉면부터 대동강 맥주까지 색다른 경험을 할 수 있습니다. 우리로 치면 주재원인 종업원들의 친절한 응대가 인상적이고, 때때로 공연을 하기도 합니다.

음식 대화 곁들이기

Track 015

A 중국에 한국 식당이 얼마나 있어요? 한국 음식을 먹을 수 있나요?

中国有多少韩国餐厅? 能吃到韩国菜吗?

Zhōngguó yǒu duōshao Hánguó cāntīng?

Néng chīdao Hánguó cài ma?

B 물론입니다. 중국의 많은 대도시에는 '한인타운'이 있어요.

当然。中国很多大城市都有"韩国城"。

Dāngrán. Zhōngguó hěn duō dàchéngshì dōu yǒu "Hánguó chéng".

A 정말요? 맛이 한국과 똑같나요?

是吗? 味道和韩国一样吗?

Shì ma? Wèidao hé Hánguó yíyàng ma?

B 일부는 그대로고, 일부는 이미 중국인의 입맛에 맞게 개선되었어요.

有些很地道，有些已经按照中国人的口味改良了。

Yǒuxiē hěn dìdao, yǒuxiē yǐjīng ànzhào Zhōngguórén de kǒuwèi gǎiliáng le.

 有多少……? ~은 몇 개나 있나요?

특정한 그룹의 수량을 물어볼 때 사용할 수 있습니다. '多少' 뒤에는 양사가 따라오는데, 생략되기도 합니다.

예 有多少种白酒? Yǒu duōshao zhǒng báijiǔ? 몇 종류의 백주가 있나요?

有多少连锁店? Yǒu duōshao liánsuǒdiàn? 체인점이 몇 개나 있나요?

 메뉴판 볼 때 유용한 **맛단어**

Track 016

한국 음식	韩国菜 Hánguó cài	떡볶이	炒年糕 chǎoniángāo
불고기	烤肉 kǎoròu	미역국	海带汤 hǎidàitāng
닭튀김, 치킨	炸鸡 zhájī	된장국	大酱汤 dàjiàngtāng
맥주	啤酒 píjiǔ	냉면	冷面 lěngmiàn

32쪽

觉得 juéde ~라고 생각하다

特别 tèbié 특히, 아주

好吃 hǎochī 맛있다

但是 dànshì 그러나, 그렇지만

不一样 bù yíyàng 다르다, 같지 않다

什么 shénme 무엇, 무슨

甜 tián 달다

咸 xián 짜다

麻辣烫 málàtàng 마라탕

辣 là 맵다

这个 zhège 이, 이것

菜 cài 요리

酸 suān 시다, 시큼하다

烫 tàng 뜨겁다

35쪽

意思 yìsi 뜻, 의미

味道 wèidao 맛

常用 chángyòng 일상적으로 사용하다, 늘 쓰다

香料 xiāngliào 향신료

样子 yàngzi 모양

像 xiàng 닮다, 비슷하다

所以 suǒyǐ 그래서

面 miàn 면, 국수

硬 yìng 단단하다, 굳다

饮料 yǐnliào 음료

37쪽

做 zuò 만들다

草莓 cǎoméi 딸기

一开始 yìkāishǐ 처음에는

后来 hòulái 그 뒤에, 그 다음에

才 cái ~에야 비로소

开始 kāishǐ 시작하다

其他 qítā 기타, 그 외

水果 shuǐguǒ 과일

40쪽

中餐厅 zhōng cāntīng 중식당

真正 zhēnzhèng 진짜의, 진정한

比如 bǐrú 예컨대

哪些 nǎxiē 어느, 어떤

这些 zhèxiē 이들, 이것들

都 dōu 모두, 다

按 àn ~에 의해, ~에 따라

口味 kǒuwèi 맛, 기호, 취향

不太 bú tài 그다지 ~하지 않다

43쪽

一般 yìbān 일반적이다, 보통이다

哪个 nǎ ge 어느, 어떤

地方 dìfang 장소, 곳

醋 cù 식초

45쪽

能 néng ~할 수 있다

当然 dāngrán 당연하다, 물론이다

大城市 dàchéngshì 대도시, 큰 도시

韩国城 Hánguó chéng 한인타운, 코리아타운

有些 yǒuxiē 일부, 어떤

地道 dìdao 진짜의, 본고장의

已经 yǐjīng 이미, 벌써

按照 ànzhào ~에 따라, ~대로

改良 gǎiliáng 개량하다

种 zhǒng 종, 종류

白酒 báijiǔ 백주

连锁店 liánsuǒdiàn 체인점

PART 3

주요 도시의 유명한 먹거리 도장 깨기

1 중국 사람들도 SNS 맛집을 좋아하나요?

요즘 중국에서도 젊은이들 사이에서 각 지역의 숨은 맛을 찾아내는 것이 유행입니다. **먹방**吃播 chī bō을 찍기도 하고, 멀리서 10시간 넘게 기차를 타고 와서 5시간 이상 줄 서 먹기도 합니다. 나아가 인기 간식 하나가 그 지역의 경제를 살리는 수준의 새로운 바람을 일으키기도 합니다. SNS 인증샷을 남기기 위해 먼 곳까지 달려가는 이들의 열정이 대단합니다. 중국 친구들에게 "요즘 먹을 만한 게 뭐야?"라고 물었을 때 단박에 줄이어 언급된, 중국의 핫템 먹거리 세 가지를 소개합니다.

🍢 쯔보샤오카오 淄博烧烤 zībó shāokǎo

산둥의 쯔보(淄博) 지역의 바베큐입니다. 일반적인 **샤오카오**烧烤 shāokǎo와 다를 바 없지만, 밀전병 위에 꼬치 양념을 얹고 잘 익은 꼬치 구이를 빼서 올린 후 쪽파 한뿌리를 올려 싸 먹는다는 특별함이 있습니다. 밀전병 쌈을 꼬치에 꿰어 불에 구워 먹기도 합니다. 그런데 그저 평범한 샤오카오에 밀전병을 추가했을 뿐인데 왜 '쯔보'라는 이름을 달았는가 하면, 이 지역에서 처음 이렇게 먹기 시

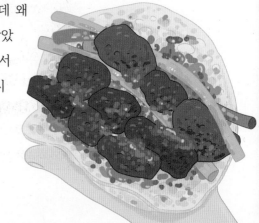

작했다는 이유와 더불어 쪽파가 쯔보 지역이 속한 산둥성의 특산물이기 때문입니다.

🌸 하얼빈냉동배 哈尔滨冻梨 *Hāěrbīn dònglí*

껍질이 얇고 수분이 많은 동북 지방의 배를 얼려 활용한 것인데 냉동배 아메리카노, 냉동배 라떼, 그리고 냉동배를 꽃으로 조각해 냉동배 꽃차를 만들었습니다. 중국은 광대한 영토 덕분에 다양한 기후대가 분포하는 나라죠. 그러니 다양한 과일들이 나오는데, 일반적인 중국 배는 사실 한국인의 입맛에 맞지 않습니다. 어째 무를 먹는 느낌이랄까요. 그런데 **동북 지방의 배는 달고 수분이 많아서 맛이 매우 좋습니다.** 이를 얼려서 활용하니 아삭하고 쨍한 맛이 더해졌습니다.

🌸 톈쉐이마라탕 天水麻辣烫 *tiānshuǐ málàtàng*

간쑤성 동부에 위치한 톈쉐이(天水)라는 지역의 마라탕입니다. 익혀낸 마라탕 재료에 고춧가루, 고추기름으로 만든 양념을 얹고, 코팅하듯 뒤섞어 먹습니다. 매운 기름떡볶이 느낌도 나고 시뻘건 비주얼이 어마어마합니다. 간쑤 지방의 기후는 두껍고 매운 내가 풍부한 고추를 기르기 적합한데, 이런 이유 때문에 이 새로운 마라탕이 간쑤 지방에서 탄생했습니다.

A 중국 사람들도 SNS 유행 음식을 좋아하나요?

中国人也喜欢吃网红小吃吗?

Zhōngguórén yě xǐhuan chī wǎnghóng xiǎochī ma?

B 물론이죠, 중국의 젊은이들도 SNS 맛집에 가서 도장 깨기를 좋아해요.

那当然，中国年轻人也很喜欢去网红店打卡。

Nà dāngrán, Zhōngguó niánqīngrén hěn xǐhuan qù wǎnghóngdiàn dǎkǎ.

A 어떤 식당이 가장 유명해요?

哪个餐厅最有名? Nǎ ge cāntīng zuì yǒumíng?

B 그것은 너무 많아요. 중국의 SNS 유행 음식은 적어도 백 가지 이상이 있겠죠?

那可太多了，中国的网红小吃至少一百多种吧。

Nà kě tài duō le, Zhōngguó de wǎnghóng xiǎochī zhìshǎo yìbǎi duō zhǒng ba.

가볍게 문법 짚기 **哪个+명사+最……?** 어떤 것이 가장 ~해요?

의문대사 '哪'는 '어느', '어떤'이라는 뜻입니다. 의문문에서 '哪+양사+명사' 형식으로 쓰여요. '最'는 '가장', '제일'이라는 뜻으로, '哪个+명사+最……?'는 어떤 것이 가장 어떤 속성을 가지고 있는지 물을 때 사용할 수 있습니다.

예 哪个菜最有名? Nǎ ge cài zuì yǒumíng? 어떤 음식이 가장 유명해요?

哪个菜最好吃? Nǎ ge cài zuì hǎochī? 어떤 음식이 가장 맛있어요?

 메뉴판 볼 때 유용한 맛단어

파	葱 cōng	고추기름	辣椒油 làjiāoyóu
양파	洋葱 yángcōng	고춧가루	辣椒粉 làjiāofěn
배 [과일]	梨 lí	참기름	香油 xiāngyóu
무	萝卜 luóbo		

2 베이징 오리구이는 무엇이 달라요?

 베이징 하면 우리가 흔히 말하는 '북경 오리구이'인 **베이징카오야**北京烤鸭 Běijīng kǎoyā가 대표적인 음식으로 꼽힙니다. 카오(烤)는 '(불에) 굽다'라는 뜻이고, 야(鸭)는 '오리', 따라서 **카오야**烤鸭 kǎoyā 는 '구운 오리'입니다. 한국식 숯불구이는 구운 (돼지)고기라 하여 **카오러우**烤肉 kǎoròu, 구운 닭은 **카오지**烤鸡 kǎojī로 응용 확장해 볼 수 있겠습니다.

베이징카오야는 오리를 화덕에 매달아 구운 다음, 껍질에 살짝 살이 붙은 형태로 슬라이스하듯 잘라낸 후 밀전병에 채 썬 오이, 파 등의 야채를 올리고, 소스와 설탕을 얹어 먹습니다. 요즘엔 한국에도 체인점 형태로 많이 들어와 있어 보통의 중국 음식이 됐지만, 중국어 초급자가 일반적으로 회화책에서 만나는 첫 중국 음식이 베이징카오야이다 보니, 실제로 처음 카오야를 영접했을 때 설레기까지 했던 기억이 있습니다.

텐멘장

밀전병 위에 고기를 얹고, 야채 위에 얹는 소스는 밀가루를 발효시킨 **텐멘장**甜面酱 tiánmiànjiàng 을 기본으로 합니다. 콩장과 텐멘장을 8:2로 섞어 만드는데, 달콤짭짤해요. 카오야 용 **밀전병**鸭饼 yā bǐng은 물론, 밀전병 위에 얹는 야채와 소스는 추가로 주문할 수 있으니, 배분 조절을 못해 모자랄 것을 걱정하지 마세요!

껍질을 저며낸 후에는 살이 통통하게 붙은 통오리가 남게 됩니다. 고기는 썰어서 볶고 오리 목이나 뼈는 끓여서 탕을 내면, 완벽한 카오야 세트가 됩니다. 고급 카오야 전문점에 가면 하얀 가운을 입은 멋진 요리사가 나와 고기를 현장에서 직접 저며 주는데, 별그램에 어울릴만한 멋진 컷을 건질 수 있습니다.

베이징카오야

베이징은 중국의 수도답게 오래되고 유서 깊은 전통 브랜드들이 많습니다. 황제의 **고궁**故宫 gùgōng을 중심으로 비단, 칼, 약, 차, 모자, 신발 등을 파는 전문점들이 생겼고, 중국 정부에서 이런 전문점 가운데 오랜 역사와 전통을 지켜 100년 이상이 된 곳을 **라오쯔하오**老字号 lǎozì hào라 칭하며 등록 관리해 왔습니다. 우리로 치면 '노포'와 유사한 의미입니다. '고궁 문앞'이란 뜻의 **첸먼**前门 qiánmén에 가면 라오쯔하오들이 잘 정비되어 있어 집중적으로 한눈에 볼 수 있습니다.

요리사가 직접 얇게 썰어주는 모습

카오야의 라오쯔하오에는 **삐엔이팡**便宜坊 biànyí fāng과 **취엔쥐더**全聚德 Quán jùdé가 있습니다. '삐엔이팡'은 명나라 때, '취엔쥐더'는 청나라 때 창업한 전통기업입니다. '삐엔이팡'은 화덕 안의 열기를 이용하는 방식을 사용하고 '취엔쥐더'는 화덕에서 직접 굽는 방식을 사용한다는 큰 차이가 있는데, 맛과 식감의 차이도 느껴보시길 권합니다. 요즘은 트렌디한 카오야 전문점도 많아져 누구나 가보는 식당이 식상해 보일지도 모르겠으나, 우리는 중국 음식 초보, 중국어 초보니까! 기본부터 맛보는 것으로 하자고요!

A 베이징 사람들은 자주 오리구이를 먹나요?

北京人经常吃烤鸭吗?

Běijīngrén jīngcháng chī kǎoyā ma?

B 물론 아니에요. 베이징 사람들은 거의 오리구이를 먹지 않아요.

当然不是，北京人很少吃烤鸭。

Dāngrán bú shì, Běijīngrén hěn shǎo chī kǎoyā.

A 베이징의 오리구이는 무엇이 달라요?

北京的烤鸭有什么不一样?

Běijīng de kǎoyā yǒu shénme bù yíyàng?

B 베이징카오야는 전으로 싸서 먹어요.

北京烤鸭用饼包着吃。

Běijīng kǎoyā yòng bǐng bāozhe chī.

가볍게 문법 짚기 用+A+동사+着吃 A를 이용해 ~해서 먹다

'用' 뒤에 오는 음식(A)을 활용해서 어떤 방법으로 먹는지 표현할 때 사용할 수 있습니다.

예 用生菜包着吃。Yòng shēngcài bāozhe chī. 상추에 싸 먹다.

用面包夹着吃。Yòng miànbāo jiāzhe chī. 빵에 끼워 먹다.

用饼卷着吃。Yòng bǐng juǎnzhe chī. 전병에 말아 먹다.

 메뉴판 볼 때 유용한 맛단어

Track 021

오리구이	烤鸭 kǎoyā	오리의 간	鸭肝 yā gān
오리 뼈	鸭架 yā jià	오리 목	鸭脖 yā bó
오리탕	鸭汤 yātāng	오리 껍질	鸭皮 yā pí
오리 염통	鸭心 yāxīn	오리고기	鸭肉 yāròu
오리의 모래주머니	鸭胗 yāzhēn	오리의 물갈퀴	鸭掌 yāzhǎng

53

3 상하이 사람들은 매일 아침 만두를 먹나요?

  상하이上海 Shànghǎi 하면 **샤오롱바오** 小笼包 xiǎolóngbāo로 대표되는 만두류를 떠올리는 사람이 많습니다. 샤오롱바오는 중국의 장쑤성 지역, 특히 **난샹**南翔 nánxiáng이라는 도시에서 시작된 음식으로 알려져 있습니다. 얇고 부드러운 만두피 안에 고기로 된 소와 함께 육즙이 가득 들어 있는 만두입니다. 샤오롱바오는 시간이 지나며 나라 안팎으로 전해졌는데, 자연히 장쑤성의 인접 대도시이자 직할시인 상하이 사람들이 즐기는 대표 음식이 되었습니다.

셩젠바오

서두가 길었는데, 사실 상하이의 대표 만두는 **셩젠바오**生煎包 shēngjiānbāo입니다. 셩(生)은 '날것', '생것'의 의미이지만, 요리 방법의 의미로 보면 익히기 전의 날것 상태로 프라이팬에 굽는다는 뜻입니다. 젠(煎)은 '기름을 두르고 굽는' 조리법을 의미하기 때문에, 셩젠바오는 **팬에 구운 만두**를 뜻해요. 만두 아랫부분은 황금빛이 돌고 바삭해질 때까지 튀기고, 윗부분은 증기로 익을 때까지 찌는 독특한 조리법이 특징입니다. 풍부한 육즙의 만두 소에 바삭함과 촉촉한 부드러움이 조화를 이룬 만두로, 상하이에 가면 꼭 먹어 봐야 할 별미입니다.

또 하나, 흔히 빨대만두라고 불리는 **관탕바오**灌汤包 guàntāngbāo가 있습니다. 샤오롱바오와 마찬가지로 상하이 음식은 아니나, 상하이 하면 꼭 먹어봐야 할 음식이 되었습니다. 장쑤성 양저우 지역의 음식으로, 일종의 찐만두인데 바삭바삭하고 견고한 만두피 안에 고기와 다양한 재료로 만든 진한 국

관탕바오

물이 가득 차 있습니다. 둥글게 여며진 만두피 한쪽을 젓가락을 이용해 살짝 찢어 국물을 배낸 후 숨죽은 만두 따로, 국물 따로 먹습니다. 거대한 크기의 관탕바오의 경우 입구에 빨대를 꽂아 국물을 먼저 마신 후에 고기와 만두피를 먹기도 합니다.

상하이에 가면 명나라 때 지어진 강남식 정원, **예원**豫園 yùyuán을 꼭 들르게 됩니다. 이곳 주변에는 상하이와 강남의 전통 음식을 전문으로 하는 유서 깊은 음식점들이 즐비한데, 이곳에서 상하이 3종 만두를 먹어볼 수 있습니다.

딘타이펑鼎泰丰 dǐngtàifēng은 대만 브랜드로, 샤오롱바오가 유명한 음식점입니다. 한국에도 체인점으로 들어와 있어요. 딩(鼎)은 고대 중국 왕실에서 중요한 의식과 요리에 사용했던 청동으로 된 삼발이 가마솥을 뜻하고, 타이(泰)는 '태평과 번영', 펑(丰)은 '풍부함'을 뜻합니다. 즉 '딘타이펑'은 전통에 가치를 둔 고급스러운, 풍요로운 음식으로 번창하겠다는 소망을 담고 있는 이름이라고 할 수 있겠습니다.

예원의 난샹 만두

음식 대화 곁들이기

Track 022

A 상하이의 성젠바오가 유명하다고 들었어요.
听说上海的生煎包很有名。
Tīngshuō Shànghǎi de shēngjiānbāo hěn yǒumíng.

B 네, 성젠바오를 식초에 찍어 먹으면 아주 맛있어요.
对，用生煎包蘸着醋吃，特别好吃。
Duì, yòng shēngjiānbāo zhànzhe cù chī, tèbié hǎochī.

A 그러면 상하이 사람들은 매일 아침 빠오즈를 먹어요?
那上海人每天早饭都吃包子吗？
Nà Shànghǎirén měitiān zǎofàn dōu chī bāozi ma?

B 상하이에 가서 직접 보면 알 거예요.
你去上海看看就知道了。
Nǐ qù Shànghǎi kànkan jiù zhīdào le.

 蘸着+A+吃 A에 찍어 먹다

음식을 특정 소스 또는 양념에 찍어 먹는다는 표현을 할 때 사용할 수 있습니다. 이때 찍어 먹는 소스 또는 양념은 '蘸着'와 '吃' 사이에 넣으면 됩니다.

예 蘸着辣椒酱吃。Zhànzhe làjiāojiàng chī. 고추장에 찍어 먹어요.
蘸着酱油吃。Zhànzhe jiàngyóu chī. 간장에 찍어 먹어요.
蘸着白糖吃。Zhànzhe báitáng chī. 백설탕에 찍어 먹어요.

 메뉴판 볼 때 유용한 맛단어

Track 023

성젠바오	生煎包 shēngjiānbāo	물만두	水饺 shuǐjiǎo
샤오롱바오	小笼包 xiǎolóngbāo	군만두	煎饺 jiānjiǎo
관탕바오	灌汤包 guàntāngbāo	찐만두	蒸饺 zhēngjiǎo
소가 든 찐빵 모양의 만두	包子 bāozi	(만두의) 소	馅儿 xiànr
교자만두	饺子 jiǎozi	훈툰	馄饨 húntun

4 하이디라오는 쓰촨 훠궈에요?

중국식 샤브샤브 **훠궈**火锅 huǒguō는 불(火)처럼 끓는 큰 솥(锅)에 야채와 고기, 버섯류를 넣어 살짝 데친 후 건져 먹는 요리입니다. 훠궈의 **탕**汤 tāng을 가리켜 **궈디**锅底 guōdǐ라고 하는데, 훠궈 전문점에서 주문할 때 가장 먼저 하는 것이 바로 이 '궈디'를 선택하는 일입니다. 쉽게 말해 매운 국물이냐, 맵지 않은 국물이냐를 선택하는 것이죠. 매운 국물은 국물의 색이 빨갛다 하여 **홍탕**红汤 hóngtāng 혹은 **라탕**辣汤 làtāng이라고 합니다. 맵지 않은 담백한 국물로는 **버섯탕**蘑菇汤 mógutāng, **토마토탕**番茄汤 fānqiétāng 이 있고, 젊은이들의 니즈가 가미되어 **똠양꿍탕**冬阴功汤 dōngyīngōngtāng, **카레탕**咖喱汤 gālítāng이 있기도 합니다. 마치 치킨의 오리지널 반 양념 반처럼 반반 탕을 고를 수도 있는데, 이를 **원앙 냄비**鸳鸯锅 yuānyāngguō라고 해요. 왜 원앙 냄비라 부르나 늘 의문이었는데, 금실 좋은 부부를 상징하는 원앙처럼 서로 다른 두 종류의 탕이 나란히 놓여있다는 의미라고 짐작해 봅니다.

홍탕에 천엽을 넣고 있는 모습

홍탕의 대표주자는 **충칭 훠궈**입니다. 마라 맛의 끝판왕이죠. 충칭은 중국 중서부에 위치한 중국에서 가장 큰 내륙도시 중 하나로, 도시 중간에 장강(长江)이 흐릅니다. 충칭훠궈는 장강 부둣가 노동자들이 근처 소 도살장에서 버려진 뼈와 내장을 모아 끓여 먹었던 것에서 기원이 됐다고 하는데, 내장류가 쉽게 부패되는 터라 양념을 맵고 세게 하기 시작하면서부터 강한 매운맛을 가지게 됐습니다.

충칭 훠궈의 또 다른 별칭은 **마오두훠궈**毛肚火锅 máodù huǒguō 입니다. 마오두

57

(毛肚)는 동물의 '위'인 **천엽**입니다. 소고기, 돼지고기, 양고기, 야채류, 버섯류를 재료로 하는 일반적인 훠궈와 비교하여 내장류에 특화된 훠궈라고 할 수 있습니다. 선지라 부르는 **소의 피**牛血 niúxuè를 비롯해서 **돼지의 피**猪血 zhūxiě, **오리의 위**鸭胃 yā wèi, **오리 혀**鸭舌 yāshè 등 엽기적인 재료를 설설 끓는 **소기름**牛油 niúyóu 훠궈탕에 초 단위로 익혀 먹으면, 신선 쫄깃한 맛이 얼마나 일품이게요!

　　그런데 충칭 훠궈를 먹을 때 약간의 불편함이 있습니다. 살벌하게 붉은 국물에 익혀 먹을 재료를 담그면 각종 향신료와 재료가 얽혀 찾아서 건져내기 쉽지 않다는 것입니다. 익히는 시간이 마오두는 10초, 오징어는 3분인데, 망망대해 같은 큰 **훙탕궈디**红汤锅底 hóngtāng guōdǐ에서 각각 시간에 맞춰 건져내기란 쉽지 않습니다. 이를 해결해 주는 것이 바로 **지우공거**九宫格 jiǔgōnggé입니다. 격자무늬 9칸으로 된 철 칸막이인데, 구분된 칸에 익히는 시간이 각기 다른 재료를 구분해 담아 익히는 형식입니다. 그리고 충칭 훠궈의 자매품엔 쓰촨 훠궈가 있죠. 우리나라에도 들어온 훠궈 체인점 하이디라오(海底捞)가 1994년 쓰촨에 설립된 쓰촨 훠궈 전문점입니다. 충칭 훠궈가 소기름 베이스에 묵직한 붉은 국물이 기본이라면, 쓰촨 훠궈는 식물성 기름을 첨가해 상대적으로 국물이 덜 걸쭉하고 가볍습니다.

　　중국에 머물 때 자주 가던 충칭 훠궈 단골집이 있었습니다. 충칭 옆 쓰촨성의 성도(省都)인 **청두**(成都) 출신 사장님은 훠궈에 늘 진심이셨는데요. 그분이 알려주신 충칭 훠궈에 딱 맞는 **소스**调料 tiáoliào를 소개합니다. 보통은 매운맛을 중화하기 위해 땅콩장과 깨장을 2:8로 섞은 **이팔장**二八酱 èrbājiàng을 선택하게 되는데, 충칭 훠궈의 톡 쏘는 매운맛은 참기름으로 잡아내야 한다고 합니다. 참기름에 **마늘**蒜蓉 suànróng과 **쪽파**小葱 xiǎocōng, **고수**香菜 xiāngcài를 첨가하는 것이 황금 조합입니다.

　　충칭에 가면 **훙야동**洪崖洞 hóngyádòng으로 가 보세요. 훙야동은 소수민족인 묘족(苗族)의 전통가옥을 재현한 건축물로, 11층으로 이뤄져 각 층마다 충칭 거리를 재현해 둔 곳입니다. 저녁 6시부터 10시까지 점등을 하는데, 불야성같이 화려한 모습이 충칭 훠궈를 닮아있습니다.

● 지우공거
●● 훙야동 주변 야경

A 저는 쓰촨요리를 제일 좋아해요. 하이디라오는 쓰촨 훠궈인가요?

我最喜欢吃四川菜，海底捞是四川火锅吗？

Wǒ zuì xǐhuan chī Sìchuān cài, Hǎidǐlāo shì Sìchuān huǒguō ma?

B 맞아요. 하이디라오는 쓰촨 훠궈예요.

对，海底捞是四川火锅。

Duì, Hǎidǐlāo shì Sìchuān huǒguō.

A 충칭 훠궈와 쓰촨 훠궈는 똑같나요?

重庆火锅和四川火锅一样吗？

Chóngqìng huǒguō hé Sìchuān huǒguō yíyàng ma?

B 충칭시와 쓰촨성이 가깝긴 하지만 많이 달라요.

虽然重庆市和四川省很近，但是非常不一样。

Suīrán Chóngqìngshì hé Sìchuānshěng hěn jìn, dànshì fēicháng bù yíyàng.

가볍게 문법 짚기 **最喜欢+동사+명사** ~하는 것을 가장 좋아해요

'最'는 '가장', '제일'이라는 뜻으로, 여럿 가운데 어떠한 면에서 1등임을 나타내요. '喜欢' 앞에 놓여 '最喜欢'이라고 하면 가장 크게 선호하거나 좋아하는 것을 강조하는 표현이 됩니다.

예 我最喜欢喝牛奶。Wǒ zuì xǐhuan hē niúnǎi. 나는 우유 마시는 것을 제일 좋아해요.

　我最喜欢看电影。Wǒ zuì xǐhuan kàn diànyǐng. 나는 영화 보는 것을 제일 좋아해요.

 훠궈 먹을 때 유용한 맛단어

Track 025

맑은 탕	清汤锅底 qīngtāng guōdǐ	백엽 [겉껍질을 제거한 천엽]	百叶 bǎiyè
소기름 탕	牛油锅底 niúyóu guōdǐ	동물의 피로 만든 두부 모양의 음식	血豆腐 xiědòufu
식물성 기름 탕	清油锅底 qīngyóu guōdǐ	새우 완자	虾滑 xiā huá
넓은 녹말면 [콴펀]	宽粉 kuānfěn	소 황후(동맥)	黄喉 huánghóu
둥근 어묵, 피쉬볼	鱼丸 yúwán	두부피의 일종 [푸주]	腐竹 fǔzhú

5 시안 사람들은 면을 가장 좋아해요

서역 만 리로 이어지는 실크로드의 시작점 **시안**(西安). 역대 13개의 왕조가 수도로 삼았으며, 이중 중국 최초의 통일국가 진나라의 수도로 최고의 번성을 이뤘던 곳이기도 합니다. 교역의 중심 시안에는 사람이 오가며 자연스레 시장이 만들어졌고, 이슬람계 **회족**(回族)이 정착하며 **회족 거리**回民街 huímín jiē를 이뤘는데요, 시안의 먹거리를 집중적으로 먹을 수 있는 곳이기도 합니다.

뱡뱡면의 뱡

시안의 대표 먹거리 중 하나는 **뱡뱡**(biangbiang)**면**입니다. 'biang'은 밀가루 반죽을 작업대에 두고 늘리고 펴면서 나는 소리를 본떠 만든 이름이라고 하는데, 여기서 '뱡(biang)'은 'biang'으로만 존재할 뿐 중국어 타자로는 나타낼 수 없는 복잡한 한자입니다. 글자가 58획으로 이뤄진 복잡한 모양으로, 이미지로만 존재한다고 해요. 넓적한 면에 고추기름 베이스 양념을 더하고 고기와 다양한 야채를 넣어 비비듯 먹는 국수인데, 매콤한 맛이 일품입니다.

뱡뱡면

따뜻하게 먹는 뱡뱡면과 반대로 시원한 **량피**涼皮 liángpí가 있습니다. 시원하고(凉), 얇게 편(皮) 면으로, 일종의 시원한 비빔면입니다. 식초의 상쾌한 신맛과 고추기름의 매운맛이 어우러져 상큼하고 매콤한 맛을 느낄 수 있습니다. 그리고 빼놓을 수 없는 것이 바로 **러우쟈모**肉夹馍 ròujiāmó입니다. 양고기를 중국식 빵인 모(馍) 사이에 끼워 넣어

러우쟈모

©cherry-hai

©JUN YANG

시안의 회족 거리 풍경

석류주스

(夾) 먹는 건데 햄버거가 연상됩니다. '모'는 겉이 바삭한 것이 견고한 **크로와상**牛角包 niújiǎobāo 느낌이 나기도 하는데, 양고기가 익숙하지 않으면 약간 어렵게 느껴질 수 있는 맛이지만, 시안에 가면 꼭 먹어보길 추천합니다.

여기에 달달한 간식을 빼놓을 수 없어 두 가지를 추가해 봅니다. **정까오**甑糕 zènggāo는 정(甑)이라는 스팀으로 쪄낼 수 있는 구조의 그릇에 찹쌀과 대추를 쪄낸 시루떡(糕)이라고 생각하시면 됩니다. 쫄깃한 식감을 한입 베어 물면 대추의 달콤한 향이 퍼지는 것이 당충전에 그만입니다.

그리고 **황구이스즈삥**黃桂柿子饼 huángguì shìzi bǐng이 있는데, 아기 손바닥만 한 크기의 감 호떡입니다. 황구이(黃桂)의 의미는 브랜드명일 거라는 의견도 있고, 누런빛(黃)에 가까운 잘 익은 감에 계수꽃(桂花) 향을 첨가한 것이라 해석하는 사람도 있습니다. 이 달달한 간식과 함께 **석류 주스**石榴汁 shíliuzhī까지 곁들이면 완벽한 후식이 될 겁니다. 석류 주스는 직접 착즙 기계에 짜는지 눈으로 확인하고 구매하세요!

A 시안 사람들은 고기 먹는 것을 좋아하나요?

西安人爱吃肉吗?

Xī'ānrén ài chī ròu ma?

B 잘 모르겠어요. 왜 그렇게 묻는 거죠?

不太清楚，为什么这样问?

Bú tài qīngchu, wèishénme zhèyàng wèn?

A 듣기로는 시안의 러우쟈모와 양러우파오모가 특히 유명한데, 안에는 모두 고기가 많아서요.

我听说西安的肉夹馍、羊肉泡馍特别有名，里面都有很多肉。

Wǒ tīngshuō Xī'ān de ròujiāmó, yángròupàomó tèbié yǒumíng, lǐmiàn dōu yǒu hěn duō ròu.

B 맞긴 맞아요. 하지만 제가 듣기로는 시안 사람들은 면을 가장 좋아해요.

对是对，可是我听说西安人最爱吃面。

Duì shì duì, kěshì wǒ tīngshuō Xī'ānrén zuì ài chī miàn.

가볍게 문법 짚기 **爱＋동사＋명사** ～(하는 것)을 좋아해요

'喜欢' 대신 '爱'를 사용해 어떤 것을 좋아함을 표현할 수 있습니다.

예 我爱喝汤。Wǒ ài hē tāng. 나는 국물 마시는 것을 좋아해요.

我爱喝扎啤。Wǒ ài hē zhāpí. 나는 생맥주 마시는 것을 좋아해요.

 메뉴판 볼 때 유용한 맛단어

량피	凉皮 liángpí	모(馍)를 넣은 양 고깃국	羊肉泡馍 yángròupàomó
러우쟈모	肉夹馍 ròujiāmó	매운 후추탕 [후라탕]	胡辣汤 húlàtāng
정까오	甑糕 zēnggāo	석류즙	石榴汁 shíliuzhī
곶감	柿饼 shìbǐng	대추	红枣 hóngzǎo

6 통 양구이를 먹어보고 싶어요

네이멍구内蒙古 Nèiměnggǔ는 중국 북부에 위치해 있는 웅장한 자연경관과 독특한 민속 풍습을 가진 곳입니다. 광활한 초원과 풍부한 목초지가 펼쳐진 매력적인 이곳은 쏟아질 듯한 별 구경을 할 수 있는 곳이기도 해요. 초원 지역 답게, 네이멍구의 대표적인 별미 중 하나는 양(羊) 전체를(全) 구운(烤) **카오췐양**烤全羊 kǎoquányáng, 즉 **통 양구이**입니다. 통 양구이는 목초지를 따라 유목을 하던 무리가 간편하면서도 다수의 사람과 함께 먹을 수 있게 양을 통째로 구워 먹던 것이 전통 음식으로 자리 잡은 것입니다.

양은 도살 하루 전에 굶겨 속을 비우고, 도살 후 양의 내부와 외부를 깨끗하게 세척하고 내장을 제거합니다. 누린내를 없애야 하니 소금, 후추, 각종 향신료를 뿌리고 바른 후 그릴에 매달아 숯불에 천천히 구워내는데요. 흔히 먹는 **양꼬치**羊肉串 yángròuchuān와는 비교할 수 없는 크기에 웅장함마저 느껴집니다.

식당에서 카오췐양을 주문하면, 양 한 마리가 대자로 뻗은 형상으로 나오거나, 초벌구이한 후 훈제 통닭처럼 돌아가는 그릴에 꼬치로 꿰어져 나와 앞에 두고 익혀 먹을 수 있게 하는데, 과장을 조금 보태 야생의 거침이 느껴지는 풍경을 선사합니다. 하루 이틀 전에 잡은 양을 쓰기 때문에 신선해서 누린내가 거의 없고, 고소하기까지 해요. 여럿이 모이는 식사에 걸맞는 양과 비주얼을 가졌다고 할 수 있습니다. 물론 네이멍구가 아니더라도 양고기 전문점이 있

통 양구이

는 곳이라면 통 양구이를 맛볼 수 있습니다. 양을 미리 잡아 양념하고 구워내는 데 시간이 걸리기 때문에 보통은 하루 전에 예약해야 하고, 예약금을 걸어야 하는 경우가 대부분입니다.

돼지고기와 소고기의 각 부위별로 맛을 즐기듯 양고기도 마찬가지입니다. 대표적인 몇 가지를 소개합니다.

● 쇼우바러우 手扒肉 shǒubāròu

양고기의 **어깨 부위**肩部 jiānbù나 **뒷다리살**腿部 tuǐbù을 푹 익힌 후 손으로 뜯어 먹는 것이 특징이에요. 손으로(手) 잡아 쥐어(扒) 먹는 고기(肉)라 '쇼우바러우'입니다.

● 양파이 羊排 yángpái

양(羊)의 갈비(排)입니다. 소갈비를 뜯는 것과는 다른 야생의 맛이 느껴집니다.

● 양시에즈 羊蝎子 yáng xiēzi

양의 등뼈로, 살이 단단하고 쫄깃합니다. 주로 찌개나 전골요리로 나와요. **시에즈**蝎子 xiēzi는 '전갈'을 뜻하지만, 여기서는 등뼈와 척추 부분을 가리킵니다. 이 부위의 작은 뼈들이 전갈의 다리와 비슷하게 생겼다 하여 붙은 이름이라고 합니다.

● 양 내장탕 羊杂碎 yángzásuì

자(杂)는 '다양한', '혼합된'이라는 뜻으로 여기선 내장류를 말해요. 소 내장은 **니우자**牛杂 niúzá, 닭 내장은 **지자**鸡杂 jīzá로 응용할 수 있습니다.

 **음식 대화 곁들이기**

A 후허하오터는 어느 성에 있나요?

呼和浩特在哪个省？ Hūhéhàotè zài nǎ ge shěng?

B 네이멍구 자치구에 있어요. 그곳은 넓은 초원이 있는 곳이에요.

在内蒙古自治区，有大草原的地方。
Zài Nèi Měnggǔ zìzhìqū, yǒu dàcǎoyuán de dìfang.

A 초원에는 양이 많죠? 나는 통 양구이를 먹어보고 싶어요.

草原上有很多羊吧？我想吃烤全羊。
Cǎoyuán shang yǒu hěn duō yáng ba? Wǒ xiǎng chī kǎoquányáng.

B 나도 양고기 먹으면서 맥주 마시고 싶어요.

我也想一边吃羊肉一边喝啤酒。
Wǒ yě xiǎng yìbiān chī yángròu yìbiān hē píjiǔ.

 想+동사+명사 ～하고 싶어요

'想'은 '～하고 싶다', '～하려고 한다'라는 뜻의 조동사입니다. 동사 앞에 놓여 바람이나 계획을 나타내요.

예 我想喝牛奶。 Wǒ xiǎng hē niúnǎi. 나는 우유를 마시고 싶어요.

 메뉴판 볼 때 유용한 맛단어

통 양구이 [카오췐양]	烤全羊 kǎoquányáng	양꼬치	羊肉串 yángròuchuàn
양 수육 [쇼우바러우]	手扒肉 shǒubāròu	소 내장	牛杂 niúzá
양갈비	羊排 yángpái	닭 내장	鸡杂 jīzá
양의 등뼈와 척추	羊蝎子 yáng xiēzi	소금	盐 yán
양 내장	羊杂 yángzá	후추	胡椒 hújiāo

#칭다오 맥주 #해산물 바베큐 #바다게찜 #마늘당면가리비찜

7 칭다오 맥주 마셔본 적 있어요?

칭다오(青島)와 맥주의 긴밀한 관계는 1898년 독일이 칭다오에 조계지를 설립하고 16년간의 통치를 시작하면서부터 맺어졌습니다. 1903년 독일 사업가들이 칭다오에 양조장을 설립하며 독일의 양조 기술과 관리법이 전해졌고, 지금의 칭다오 맥주로 이어지게 됩니다.

칭다오의 발음을 감안하면, 영문 표기는 QINGDAO가 되어야 할 텐데, 칭다오 맥주 라벨에는 **TSINGTAO**라고 쓰여있는 것을 보셨을 거예요. 'TSINGTAO BEER'는 중국어 소리를 라틴 문자로 변환하는 웨이드 자일스(Wade-Giles) 표기법에 의한 것입니다. 이제는 쓰지 않는 표기법이지만, 20세기 초 칭다오 맥주 생산 때 붙은 표기가 브랜드화되어 내려온 것이라고 합니다.

©Mirko Kuzmanovic

©Mirko Kuzmanovic

● 칭다오 맥주 박물관
●● 칭다오 맥주 생산라인

칭다오는 중국 산둥성 남동쪽 황해 연안에 위치하고 있어, 풍부한 해산물로도 유명합니다. 황해 연안은 차가운 한류(寒流)의 영향을 받아 해산물이 탱글탱글 단단하며 지방보다는 단백질 함량이 높다고 해요. 양념을 해 먹기 보다는 쪄서 먹어 해산물 본연의 맛을 즐기는 것이 더 낫다는 평인데, 맥

©Keith Homan

주와 곁들여 **안주**下酒菜 xiàjiǔcài로 삼기에 맞춤입니다.

그런데 중국어 초보자가 현지에서 해산물을 주문해 먹기란 사실 쉽지 않습니다. 메뉴판에 사진이 있으면

그나마 나은데, 해산물 종류를 직접 고르고, 조리법까지 선택해야 하는 경우엔 난이도가 확 올라갑니다. 한국에서도 바닷가 식당에 가면 수족관에서 해산물을 고르고, **찌거나**蒸 zhēng, **굽거나**烤 kǎo, **튀기거나**炸 zhà를 고르게 하죠. 이를 중국어로 **해산물 가공**海鲜加工 hǎixiān jiāgōng 이라고 합니다.

해산물 가공을 거친 맥주 안줏거리 몇 가지를 소개합니다.

해산물 바베큐 海鲜烧烤 hǎixiān shāokǎo

해산물 바베큐입니다. 샤오(烧)는 '불 위에 그을리다', '태우다', 카오(烤)는 '굽다'라는 뜻으로 샤오카오(烧烤)는 음식을 불 위에서 직접 굽는 방식을 말합니다. 우리가 아는 양꼬치도 샤오카오의 한 종류입니다. **새우**虾 xiā, **오징어**鱿鱼 yóuyú, **가리비**扇贝 shànbèi 등을 주로 굽습니다.

바다게찜 清蒸海蟹 qīngzhēng hǎixiè

하이시에海蟹 hǎixiè는 '바다게'를 말하고, **칭정**清蒸 qīngzhēng은 다른 양념 없이 찜기에서 쪄내는 조리법을 의미합니다.

마늘당면가리비찜 蒜蓉粉丝蒸扇贝 suànróng fěnsī zhēng shànbèi

가리비扇贝 shànbèi의 윗 뚜껑을 빼내고 살 위에 **당면**粉丝 fěnsī과 볶음 마늘을 얹는 요리인데, 맥주가 절로 들어가는 맛입니다. 볶음 마늘을 곁들이는 경우 음식 이름에 **쏸룽**蒜蓉 suànróng이 붙어요. 갈릭소스라고 하면 바로 이해가 가는 맛일 것입니다. 꿀맛 보장입니다.

마늘당면가리비찜

A 칭다오 맥주 마셔본 적 있나요?
你喝过青岛啤酒吗?
Nǐ hē guo Qīngdǎo píjiǔ ma?

B 마셔본 적 있어요. 굉장히 맛있어요.
我喝过，特别好喝。
Wǒ hē guo, tèbié hǎohē.

A 중국에는 유명한 맥주가 많아요. 아시나요?
中国还有很多有名的啤酒，你知道吗?
Zhōngguó háiyǒu hěn duō yǒumíng de píjiǔ, nǐ zhīdào ma?

B 옌징 맥주, 하얼빈 맥주도 마셔봤어요.
我还喝过燕京啤酒，哈尔滨啤酒。
Wǒ hái hē guo Yānjīng píjiǔ, Hā'ěrbīn píjiǔ.

 동사+过+명사 ～해 본 적 있어요

동사 뒤에 '过'가 오면 '～한 적 있다'라는 뜻으로, 과거에 그런 경험이 있음을 나타내요.

예 我来过中国。Wǒ lái guo Zhōngguó. 나는 중국에 온 적 있어요.
　我看过中国电影。Wǒ kàn guo Zhōngguó diànyǐng. 나는 중국 영화를 본 적 있어요.

 메뉴판 볼 때 유용한 **맛단어**　　　　　 Track 031

생맥주	**扎啤** zhāpí	오징어	**鱿鱼** yóuyú
병맥주	**瓶装啤酒** píngzhuāng píjiǔ	가리비	**扇贝** shànbèi
캔맥주	**罐装啤酒** guànzhuāng píjiǔ	바닷게	**海蟹** hǎixiè
새우	**虾** xiā	굴	**生蚝** shēngháo

8 하얼빈에서는 냉면을 구워 먹어요?

중국 동북부에 위치한 하얼빈(哈尔滨)은 **동양의 모스크바**라는 애칭을 가지고 있습니다. 19세기 말 청나라 정부는 동북지역을 개발하기 위해 러시아가 청나라 영토에 중동 철도를 건설하는 것에 동의했는데, 이 철도가 하얼빈을 통과하며 많은 러시아인이 이주하게 되었어요. 이에 따라 하얼빈은 러시아의 문화가 묻어나는 도시가 되었습니다. 이때 이민자들이 가져온 소시지 제조 기술이 현지화되며 **붉은 훈제 소시지**가 탄생했고, 이것이 바로 **홍창**红肠 hóngcháng입니다. 홍창은 질 좋은 고기를 사용하고 마늘, 소금, 후추 등의 양념을 더해 만든 후 훈제, 구이, 절임 과정을 거쳐 겉면이 단단하고 탄력 있는 것이 특징인데, 야채와 함께 볶아먹으면 꿀맛입니다. 그리고 소시지 하면 저절로 맥주가 떠오르죠. 하얼빈에서는 **하얼빈 맥주**哈尔滨啤酒 hā'ěrbīn píjiǔ가 유명한데, **하피**哈啤 hāpí라고 줄여 말하기도 합니다. 하얼빈 맥주의 양조 기술도 중동 철도 건설과 함께 전해진 것입니다.

하얼빈의 **중앙대가**中央大街 zhōngyāng dàjiē는 유럽식 건축양식의 건물이 즐비한 쇼핑의 거리이자, 현지 먹거리를 한곳에서 만나볼 수 있는 장소입니다. 중앙대가에 가면 홍창과 더불어 **구운 냉면**烤冷面 kǎo lěngmiàn을 한번 맛 보세요. 옥수수나 감자전분을 주원료로 반죽하여 만든 면을 철판에 굽고, 그 위에 달걀, 고기, 감자와 향신료를 올려 말아먹는데, 중국식 크레페라고 생각하시면 됩니다.

하얼빈 중앙대가

마무리로는 쨍하게 추운 날 더 별미인 하얼빈 아이스케키 **삥군**冰棍 bīnggùn을 콧물 그렁그렁하며 먹기를 추천합니다. 중앙대가의 아이스케키 노포, **마디에얼 삥군**马迭尔冰棍 mǎdiéěr bīnggùn은 1993년 러시아인 마디엘에 의해 만들어졌습니다. 우유를 얼린 차가운 디저트를 만들면서 시작됐는데, 지금도 대표 메뉴가 **오리지널삥군**原味老冰棍 yuánwèi lǎobīnggùn 입니다.

A 옌지 냉면 먹어본 적 있나요?
你吃过延吉冷面吗?
Nǐ chī guo Yánjí lěngmiàn ma?

B 먹어봤어요, 한국의 냉면과 비슷하더라고요.
我吃过，和韩国的冷面差不多。
Wǒ chī guo, hé Hánguó de lěngmiàn chà bu duō.

A 그럼 하얼빈의 구운 냉면은 먹어봤나요?
那你吃过哈尔滨的烤冷面吗?
Nà nǐ chī guo Hāěrbīn de kǎolěngmiàn ma?

B 먹어본 적 없어요.
我没吃过。
Wǒ méi chī guo.

 가볍게 문법 짚기 **没+동사+过+명사** ~해 본 적 없어요

'어떤 경험을 해 본 적이 없다'라는 표현은 '동사+过' 앞에 '没'를 붙여 나타낼 수 있습니다.

例 我没见过雪。Wǒ méi jiàn guo xuě. 저는 눈을 본 적 없어요.

我没吃过鹅肉。Wǒ méi chī guo éròu. 저는 거위고기를 먹어본 적 없어요.

我没喝过哈尔滨啤酒。Wǒ méi hē guo hāěrbīn píjiǔ. 저는 하얼빈 맥주를 마셔본 적 없어요.

 메뉴판 볼 때 유용한 **맛단어**

  Track 033

붉은 훈제 소시지 [홍창]	红肠 hóngcháng	아이스크림	冰淇淋 bīngqílín
하얼빈 맥주	哈啤 hāpí	러시아식 큰 빵	大列巴 dàlièbā
구운 냉면	烤冷面 kǎolěngmiàn	요플레, 요구르트	酸奶 suānnǎi
아이스바	冰棍 bīnggùn	밀크티	奶茶 nǎichá

9 선전에서는 광둥어로 주문해요?

선전(深圳)은 광둥성 남부에 위치한 비즈니스 도시입니다. 1979년 중국 최초의 경제특구로 지정된 후 중국 IT업체와 외국기업을 거점으로 하여, 홍콩에 인접해 중국 외부와 대륙을 연결하는 물류의 중심지로 눈부신 성장을 이뤘습니다. 선전은 오랜 세월을 거치며 생겨난 독특한 음식 문화는 없지만, 소득이 높고 물자가 풍부하다 보니 광둥성을 중심으로 한 주변의 으뜸 음식들이 모여 경쟁하는 곳이 되어, 어디를 가나 평균 이상의 음식을 맛볼 수 있습니다.

선전은 바닷가 도시로 **해산물을 쉽게 먹을 수 있습니다.** 남중국해와 가깝기 때문에 열대 및 아열대 해산물이 주재료이고, 요리법은 **광둥요리**粵菜 yuècài의 영향으로 소금, 후추, 마늘로 양념하는 것을 선호하며 해산물 본연의 맛을 강조합니다. 반도 지역으로 그 모양이 뱀의 입을 닮았다고 하여 '뱀의 입'이라는 이름이 붙여진 **셔코우**蛇口 shékǒu 라는 지역에 가면 매일 바다에서 갓 잡아 올린 해산물을 직거래로 구할 수 있습니다. 어부가 조업 후 잡은 것들을 위챗 단체창에 올리는데, 따로 메시지를 보내 구매 의사를 밝히면 내장을 제거하고 토막까지 내어 진공포장으로 배달해 줍니다.

물론 해산물 전문점에 가서도 그날의 신선한 해산물을 먹을 수 있는데, 메뉴에 반드시 있는 **샤궈조우**砂锅粥 shāguō zhōu 는 광둥 지역의 별미이니 꼭 주문해 보시길 권합니다. 샤궈(砂锅)는 **돌솥**을 뜻해요. 따라서 '샤궈조우'는 돌솥에 끓이는 죽을 말합니다. 쌀을 넣어 푹 끓이다가 **새우**虾 xiā와 **게**蟹 xiè를 넣어 끓이는데, 새우의 종류, 갯수와 게의 크기를 고를 수 있고, 경우에 따라서는 **생선 살**鱼片 yúpiàn이나 **소고기**牛肉 niúròu를 넣기도 합니다.

샤궈조우

그런데 샤궈는 한국에서 흔히 볼 수 있는 뚝배기라기보다는, 흡사 신석기시대 토기의 색을 띤 범상치 않은 모양으로 재미를 줍니다. 다 끓여낸 죽 위에는 파, 고수를 넣어 저어주고, 그릇에 덜어 나눠 먹습니다. 만약 고수가 익숙지 않다면 고수는 넣지 말고 별도로 달라고 하세요. 우선 처음에는 고수를 개인 그릇에 조금씩 넣어 먹는 연습을 해 보시길 추천합니다. 진한 향긋함이 일품입니다.

큰 뚝배기에서 덜어 먹고 남은 죽은 포장해 올 수 있는데, 다음날 새우 국물이 우러나와 식어버린 후에 먹어도 맛있습니다. 배달을 시켜 먹을 수도 있어요. 큰 뚝배기 그대로 박스에 담겨 오니 식당에서 먹었던 그 느낌 그대로 먹을 수 있는데, 다 먹고 뚝배기를 반납하면 우리나라에서 빈 병값을 쳐주듯 보증금을 돌려줍니다.

비즈니스 도시 선전의 모습

Track 034

A 나는 광둥요리를 좋아해요. 선전은 광둥성에 있어서 음식도 광둥요리죠?

我喜欢吃粤菜。深圳在广东省，所以也是粤菜吧？

Wǒ xǐhuan chī yuècài. Shēnzhèn zài Guǎngdōngshěng, suǒyǐ yě shì yuècài ba?

B 똑같지는 않아요. 선전 요리에는 다른 지역의 요리도 많이 포함되어 있어요.

不完全一样，深圳菜还包括很多其他地方的菜。

Bù wánquán yíyàng, Shēnzhèn cài hái bāokuò hěn duō qítā dìfang de cài.

A 선전의 식당에서는 광둥어로 말해야 하나요?

在深圳的餐厅里要说广东话吗？

Zài Shēnzhèn de cāntīng lǐ yào shuō Guǎngdōnghuà ma?

B 그럴 필요 없어요. 중국인은 모두 보통화를 이해할 수 있어요.

不用，中国人都能听懂普通话。

Bú yòng, Zhōngguórén dōu néng tīngdǒng pǔtōnghuà.

가볍게 문법 짚기 还+동사+명사 동작을 추가하여 ~하다

특정 동작이나 상황 이외에 추가로 다른 동작이나 상태가 더해짐을 표현할 때 씁니다.

예 我喝了啤酒，还喝了白酒。Wǒ hē le píjiǔ, hái hē le báijiǔ. 나는 맥주를 마셨고, 백주도 마셨어.

我去过北京，还去过上海。Wǒ qù guo Běijīng, hái qù guo Shànghǎi. 나는 베이징을 가 봤고, 상하이도 가 봤어.

 메뉴판 볼 때 유용한 맛단어

 Track 035

뚝배기 죽 [샤궈조우]	砂锅粥 shāguōzhōu	전복	鲍鱼 bàoyú
닭찜 샤브샤브	鸡煲 jībāo	해삼	海参 hǎishēn
연어	三文鱼 sānwényú	랍스터	龙虾 lóngxiā
고등어	青花鱼 qīnghuāyú	조개	花甲 huājiǎ
우렁이	螺 luó		

10 차찬팅과 차는 어떤 관계가 있나요?

아편전쟁에서 패배한 청나라는 1842년 8월 영국과 난징조약을 맺게 됩니다. 이는 '홍콩을 영국에 할양한다'는 조항이 담긴 불평등 조약이었습니다. 그 후 1898년 홍콩을 영국에 99년간 임차한다는 내용의 조약에 서명함에 따라, 1997년 중국에 반환되기까지 홍콩은 영국령이었습니다. 때문에 약 100년의 세월이 지나면서 홍콩은 영국의 문화를 담뿍 흡수했어요. **차찬팅**茶餐厅 chá cāntīng은 영국의 애프터눈티(afternoon tea) 문화를 기반으로 탄생한 중국식 영국문화입니다.

차찬팅은 차와 식사를 파는 식당입니다. 광둥어 표기인 **차찬텡**으로 더 많이 알려져 있죠. **밀크티**奶茶 nǎichá와 **파인애플 번**菠萝包 bōluóbāo으로 대표되는 오후 간식뿐 아니라 볶음밥, 돼지갈비, 닭튀김, 쌀국수, 스테이크, 스파게티, 버터나 초콜릿 시럽을 올린 식빵, 케이크까지 중국 음식은 물론, 아시아 음식부터 서양 음식까지 오만가지를 다 팝니다. 원래 홍콩에서 서민 노동자를 위해 만들어진 것이었고, 가격도 저렴해 가난한 여행자가 가성비 좋은 맛집 삼아 가기에도 무리가 없습니다. 중국식 '김밥천국' 같은 곳이라고 할 수 있어요. 차찬팅은 홍콩 골목 현지 맛집도 있지만 체인점도 제법 많아, 중국의 배민이라고 할 수 있는 **메이투안**美团 měituán에서 차찬팅을 검색하면 꼭 홍콩을 가지 않더라도 쉽게 찾아 맛볼 수 있습니다.

아! 참고로 파인애플 번은 파인애플이 들어가 있지 않아요. 둥근 빵 위쪽에 파인애플 격자 무늬가 꼭 파인애플 같다 하여 붙은 이름입니다. 마치 소보로빵과 비슷한데, 버터와 설탕 시럽을 무늬 위에 발라 반짝반짝 빛이 납니다. **홍콩대교**香港大桥 xiānggǎng dàqiáo 차찬팅에 가면 꼭 **밀크티**奶茶 nǎichá나 **아이스티**冰红茶 bīnghóngchá를 드셔보시길 추천합니다. 정신 번쩍 나게 진한 맛이 매력적입니다.

A 차찬팅과 차는 어떤 관계가 있나요?

茶餐厅和茶有什么关系?
Chá cāntīng hé chá yǒu shénme guānxi?

B 차찬팅은 차를 마시면서 간식을 먹는 곳이에요.
茶餐厅是一边喝茶一边吃点心的地方。
Chá cāntīng shì yìbiān hē chá yìbiān chī diǎnxin de dìfang.

A 밀크티를 마시고 싶은데, 차찬팅에 밀크티가 있나요?

我要喝奶茶。茶餐厅有奶茶吗?
Wǒ yào hē nǎichá. Chá cāntīng yǒu nǎichá ma?

B 당연히 있죠. 홍콩의 차찬팅에는 홍콩 스타일 밀크티도 있어요. 한번 마셔보세요.
当然有，香港的茶餐厅有港式奶茶，你可以尝尝。
Dāngrán yǒu, Xiānggǎng de chá cāntīng yǒu gǎngshì nǎichá, nǐ kěyǐ chángchang.

 **要+동사+명사** ～하려고 하다

'要'는 '想'과 마찬가지로 개인의 바람이나 생각을 나타낼 때 쓰일 수 있습니다. '要'가 '想'보다 어기가 좀 더 강해, 단호한 어기를 나타냅니다.

예 我要吃烧鹅。Wǒ yào chī shāoé. 나는 거위구이를 먹을 거예요.
我要看夜景。Wǒ yào kàn yèjǐng. 나는 야경을 보려고 해요.

메뉴판 볼 때 유용한 맛단어

Track 037

샌드위치	三明治 sānmíngzhì	반반 메뉴	双拼 shuāngpīn
토스트	吐司 tǔsī	뜨거운 음료	热饮 rèyǐn
스파게티	意大利面 Yìdàlìmiàn	차가운 음료	冻饮 dòngyǐn
단품	单品 dānpǐn	탄산음료	汽水 qìshuǐ

11 마카오 요리는 중국요리인가요, 포르투갈 요리인가요?

중국의 작은 유럽 마카오는 1557년에 포르투갈이 임대형식으로 들어온 후 1842년 난징조약을 통해 공식적인 포르투갈령이 되었고, 1999년 반환될 때까지 400여 년을 포르투갈과 함께 했습니다. 라스베가스를 그대로 옮겨둔 것 같은 도박의 도시이자, 중국 대륙과는 또 다른 이색적인 먹거리가 있는 곳이기도 합니다.

마카오 먹거리를 한 거리에서 만날 수 있는 곳은 **쿤하 거리**(Rua do Cunha)로, 중국어로는 **관예제**官也街 guānyějiē인데요. 관예제에 들어서면 고소한 빵 냄새와 함께 길게 늘어선 줄을 보게 되는데, 모두 에그타르트를 사려는 사람들입니다. 로드 스토우(Lord Stow's)라는 **포르투갈식 에그타르트**葡式蛋挞 púshì dàntà 원조 맛집 앞의 풍경입니다. 중국어로는 **안더루빙디엔**安德鲁饼店 āndélǔ bǐngdiàn, 즉 앤드류(Andrew)의 납작 구운 빵(饼) 상점(店)인데 영문명과는 전혀 다른 명칭을 쓰고 있습니다.

에그타르트는 중국어로 **단타**蛋挞 dàntà입니다. 단(蛋)은 '알'이라는 뜻이죠! 그래서 달걀은 **지단**鸡蛋 jīdàn, 오리알은 **야단**鸭蛋 yādàn입니다. 타(挞)는 '타르트'와 유사한 발음의 한자를 붙인 음역어입니다. 에그타르트는 포르투갈의 디저트로, 오랜 기간 포르투갈의 식민지를 거쳐 온 마카오에도 전해졌는데요. 우리나라의 빵집에서도 쉽게 먹어볼 수 있지만, 본점의 에그타르트는 생각보다 달지 않은 담백함에 자꾸 손이 가게 될 겁니다.

음역어는 그럴듯한 발음 때문에 중국어 공부에 소소한 재미를 더해줍니다. 에그타르트와 같은 **디저트**甜点 tiándiǎn는 서양에서 온 것들이 많으니, 음역어를 활용한 이름들이 많아요. 중국에서 영어 명칭 그대로 말하면, 점원이 못 알아 듣는 경우가 많습니다. 몇 가지 달달한 디저트의 중국어 표현을 '맛단어'에 소개하니 익혀두세요.

쿤하 거리

A 마카오 요리는 중국요리인가요, 포르투갈 요리인가요?

澳门菜是中国菜还是葡萄牙菜?

Àomén cài shì Zhōngguó cài háishi Pútáoyá cài?

B 둘 다 있어요. 중식도 있고 서양식도 있어요.

两种都有，有中餐，也有西餐。

Liǎng zhǒng dōu yǒu, yǒu zhōngcān, yě yǒu xīcān.

A 가장 유명한 마카오 요리는 무엇인가요?

最有名的澳门菜是什么?

Zuì yǒumíng de Àomén cài shì shénme?

B 마카오에서는 에그타르트가 가장 유명해요.

在澳门，最有名的是蛋挞。

Zài Àomén, zuì yǒumíng de shì dàntà.

 A还是B? A인가요, 아니면 B인가요?

두 가지 혹은 그 이상의 옵션 중 하나를 선택하도록 요청할 때 사용합니다.

예 你喝咖啡还是喝茶? Nǐ hē kāfēi háishi hē chá? 커피를 마실래요, 아니면 차를 마실래요?

你吃米饭还是面条? Nǐ chī mǐfàn háishi miàntiáo? 밥 드실래요, 아니면 면 드실래요?

 디저트 먹을 때 유용한 맛단어

Track 039

푸딩	布丁 bùdīng	마들렌	马德琳 mǎdélín
마카롱	马卡龙 mǎkǎlóng	크림케이크	奶油蛋糕 nǎiyóu dàngāo
브라우니	布朗尼 bùlǎngní	레드벨벳케이크	红丝绒蛋糕 hóngsīróng dàngāo
스콘	司康 sīkāng	치즈케이크	芝士蛋糕 zhīshì dàngāo
티라미수	提拉米苏 tílāmǐsū	당근케이크	胡萝卜蛋糕 húluóbo dàngāo

12 타이베이의 야시장이 유명해요

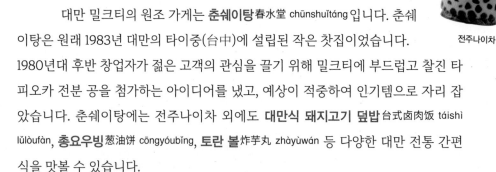

대만 하면 바로 대만 밀크티, **전주나이차**珍珠奶茶 zhēnzhū nǎichá가 제 일 먼저 떠오릅니다. 쫄깃한 식감의 타피오카와 고구마 가루나 옥수수 전분을 섞어 만든 진주알 크기의 파우더 볼을 넣은 밀크티로, 한국에도 들어와 우리나라에서도 충분히 맛볼 수 있는 아이템이긴 해요. 하지만 원조가 있다면 꼭 먹어봐야겠죠!

전주나이차

대만 밀크티의 원조 가게는 **춘쉐이탕**春水堂 chūnshuǐtáng 입니다. 춘쉐이탕은 원래 1983년 대만의 타이중(台中)에 설립된 작은 찻집이었습니다. 1980년대 후반 창업자가 젊은 고객의 관심을 끌기 위해 밀크티에 부드럽고 찰진 타피오카 전분 공을 첨가하는 아이디어를 냈고, 예상이 적중하여 인기템으로 자리 잡았습니다. 춘쉐이탕에는 전주나이차 외에도 **대만식 돼지고기 덮밥**台式卤肉饭 táishì lǔlòufàn, **총요우빙**葱油饼 cōngyóubǐng, **토란 볼**炸芋丸 zhàyùwán 등 다양한 대만 전통 간편식을 맛볼 수 있습니다.

대만식 돼지고기 덮밥

중국어는 글자에 뜻을 담고 있는 언어죠. 음식 이름을 뜯어보면, 어떤 재료를 가지고 어떤 조리법으로 만들었는지 알 수 있는 점이 참 매력적입니다. 대만식 돼지고기 덮밥(台式卤肉饭)을 예로 들어 살펴보면, 음식 이름에 **루**(卤)가 들어가는 경우는 **길고 오래 끓여내는** 조리법을 거친 것이라 생각하면 됩니다. 즉 돼지고기(肉)를 간장과 향신료를 넣어 천천히 오래 익혀 만든 덮밥(饭) 요리입니다. 중국 현지에 가서 음식을 주문할 때 꼭 음식 이름을 잘 뜯어보시고 해석해 보세요. 이름만 봐도 음식의 맛을 짐작할 수 있을 뿐 아니라, 중국어 실력이 쑥 늘어날 겁니다.

여름의 더위가 한풀 꺾이는 가을 초입에는 중국인들의 SNS에 **가을의 첫 밀크티 한 잔**(秋天的第一杯奶茶 qiūtiān de dì yì bēi nǎichá)이라는 코멘트와 함께 밀크티 사진이 많이 업로드됩니다. 스산해지는 가을의 시작을 따뜻한 밀크티 한 잔으로 맞이한다는 의미인데요. 이 밀크티 한 잔은 의외로 사랑을 의미합니다. 중국에서 520이라는 숫자는 'wǔ èr líng'으로 발음하는데, '사랑해요'의 중국어 표현인 '我爱你。Wǒ ài nǐ.'와 발음이 유사하다 하여, 젊은이들은 5월 20일을 사랑을 고백하는 날로 삼았습니다. 여기에서 파생되어 한 잔에 52위안쯤 하는 밀크티가 사랑의 상징이 되었는데요. 밀크티 한 잔을 받는다는 건 누군가로부터 사랑 고백을 받은 것이고, 만약 스스로에게 한 잔을 선물했다면 자기애 충만이니 그 또한 의미가 있습니다. 가을에 옆구리가 시려지니, 밀크티 한 잔으로 위로 받게 52위안을 보내달라는 귀여운 요청이기도 합니다.

그리고 대만에 간다면 **샤오롱바오**小笼包 xiǎolóngbāo로 유명한 **딘타이펑**(鼎泰丰)에도 가 보세요. 우리나라에도 들어와 있는 체인점인 딘타이펑은 많은 사람들이 상하이 음식점으로 알고 있지만, 대만이 본점입니다. 샤오롱바오는 얇은 피 안에 육즙이 가득한 것이 특징인데, 숟가락 위에 올리고 만두피를 살짝 찢어 구멍을 내 육즙을 먼저 먹은 후, 채 썬 생강을 곁들여 초간장에 찍어 먹습니다.

마지막으로 대만의 먹거리를 한번에 맛볼 수 있는 최대 야시장, **스린 야시장**士林夜市 shilín yèshì 방문도 놓치지 마세요.

● 샤오롱바오
●● 스린야시장

32쪽

A 야시장 구경하는 것을 좋아하나요?
你喜不喜欢逛夜市?
Nǐ xǐ bu xǐhuan guàng yèshì?

B 좋아해요. 듣기론 타이베이의 야시장은 무척 유명하다면서요?
喜欢，我听说台北的夜市特别有名?
Xǐhuan, wǒ tīngshuō Táiběi de yèshì tèbié yǒumíng?

A 맞아요. 맛있는 먹거리들이 많아요.
对，有很多好吃的小吃。
Duì, yǒu hěn duō hǎochī de xiǎochī.

B 시간이 있으면 우리 대만으로 여행을 가요.
有时间的话，我们去台湾旅游吧。
Yǒu shíjiān dehuà, wǒmen qù Táiwān lǚyóu ba.

 가볍게 문법 짚기 **喜欢+不喜欢······?** ～는 것을 좋아합니까?

'긍정+부정' 형식의 정반의문문입니다. 동사, 형용사, 조동사 등을 '긍정+부정' 형식으로 병렬시키면 의문문이 돼요.

예 你喜(欢)不喜欢喝奶茶? Nǐ xǐ(huan) bu xǐhuan hē nǎichá? 당신은 밀크티를 좋아하나요?
你喜(欢)不喜欢吃牛肉面? Nǐ xǐ(huan) bu xǐhuan chī niúròumiàn? 당신은 뉴러우미엔을 좋아하나요?

 메뉴판 볼 때 유용한 **맛단어**

Track 041

밀크티	奶茶 nǎichá		기름에 튀긴 파 전병 [총요우빙]	葱油饼	cōngyóubǐng
빙수	刨冰 bàobīng		대만식 돼지고기 덮밥	台式卤肉饭	táishì lǔròufàn
망고	芒果 mángguǒ		돼지 피에 찹쌀과 소금 등을 섞어 쪄낸 음식	猪血糕	zhūxiěgāo
굴전	蚵仔煎 kēzǎijiān		야채 계란 전병	蔬菜蛋饼	shūcàidànbǐng

50쪽

喜欢 xǐhuan 좋아하다

网红 wǎnghóng 인터넷 스타, 인플루언서

小吃 xiǎochī 간단한 음식, 스낵

年轻人 niánqīngrén 젊은이

网红店 wǎnghóngdiàn 인터넷에서 유명한 가게

打卡 dǎkǎ 도장 깨기를 하다

餐厅 cāntīng 식당

有名 yǒumíng 유명하다

至少 zhìshǎo 최소한, 적어도

53쪽

经常 jīngcháng 항상, 언제나

用 yòng 쓰다, 사용하다

饼 bǐng 밀가루·옥수수 따위에 소금·기름·향료 등을 넣어 지지거나 납작하게 구운 것

包 bāo 싸다, 싸매다

生菜 shēngcài 상추

面包 miànbāo 빵

夹 jiā 끼우다

卷 juǎn 말다, 감다

56쪽

听说 tīngshuō 듣자니, 듣건데

对 duì 맞다, 옳다

蘸 zhàn 찍다, 묻히다

早饭 zǎofàn 아침밥

看 kàn 보다

辣椒酱 làjiāojiàng 고추장

酱油 jiàngyóu 간장

白糖 báitáng 백설탕

59쪽

虽然 suīrán 비록 ~일지라도

市 shì (행정 구획 단위의) 시

省 shěng 성 [중국의 지방 행정 단위]

近 jìn 가깝다

非常 fēicháng 대단히

喝 hē 마시다

牛奶 niúnǎi 우유

电影 diànyǐng 영화

62쪽

爱 ài 좋아하다

清楚 qīngchu 이해하다 알다

为什么 wèishénme 왜, 어째서

这样 zhèyàng 이렇게

问 wèn 묻다

可是 kěshì 그러나, 하지만

汤 tāng 탕, 국

扎啤 zhāpí 생맥주

65쪽

自治区 zìzhìqū 자치구

大草原 dàcǎoyuán 대초원

羊 yáng 양

一边…… 一边…… yìbiān…… yìbiān…… ~하면서 ~하다

啤酒 píjiǔ 맥주

68쪽

青岛啤酒 Qīngdǎo píjiǔ 칭다오 맥주

好喝 hǎohē (음료수 따위가) 맛있다

燕京啤酒 Yānjīng píjiǔ 옌징 맥주

哈尔滨啤酒 Hā'ěrbīn píjiǔ 하얼빈 맥주

70쪽

延吉 Yánjí 옌지, 연길

冷面 lěngmiàn 냉면

差不多 chà bu duō 거의 비슷하다
见 jiàn 보다
雪 xuě 눈
鹅肉 éròu 거위고기

73쪽

完全 wánquán 완전히, 전부
包括 bāokuò 포함하다, 포괄하다
里 lǐ 속, 안
要 yào ～해야 한다
说 shuō 말하다
广东话 Guǎngdōnghuà 광둥어
不用 bú yòng ～할 필요가 없다
能 néng ～할 수 있다, ～할 줄 알다
听懂 tīngdǒng 알아듣다
普通话 pǔtōnghuà 보통화 [현대 중국어의 표준어]

75쪽

关系 guānxi 관계, 관련, 관련되다
点心 diǎnxin 간식, 가벼운 식사
香港 Xiānggǎng 홍콩
港式 gǎngshì 홍콩식, 홍콩 스타일
尝 cháng 맛보다
烧鹅 shāoé 거위구이
夜景 yèjǐng 야경

77쪽

澳门 Àomén 마카오
葡萄牙 Pútáoyá 포르투갈
两种 liǎng zhǒng 두 가지, 두 종류
中餐 zhōngcān 중식
西餐 xīcān 서양식
蛋挞 dàntà 에그타르트
咖啡 kāfēi 커피

米饭 mǐfàn 쌀밥, 밥
面条 miàntiáo 국수, 면

80쪽

逛 guàng 거리를 거닐다, 쇼핑하다
夜市 yèshì 야시장
台北 Táiběi 타이베이
时间 shíjiān 시간
的话 dehuà ～하다면, ～이면
台湾 Táiwān 대만, 타이완
旅游 lǚyóu 여행, 여행하다

@kikujungboy CC

PART 4

메뉴판을
알아보자

1 만드는 법으로 구분한 량차이

중국어는 뜻글자이다 보니 글자 하나하나를 뜯어보며 뜻을 이해하는 재미가 있습니다. 제가 중국어에 관심을 가지게 된 것도 중국어의 이런 매력 때문이었습니다. 중국 음식의 이름을 뜯어보면 **어떤 재료를 이용해서 어떤 요리법으로 만들어졌는지** 실마리를 찾을 수 있어 또 다른 재미를 줍니다. 음식명에 조리법이 표현된 경우 중에서 열을 가하지 않고 조리하는 **량차이**凉菜 liángcài를 먼저 소개합니다.

🍳 따반차이 大拌菜 dàbàncài

반(拌)은 '비비다', '섞다'라는 뜻입니다. 각종 야채와 과일들을 한데 크게 섞은 요리여서 **따반차이**라고 해요. 한번 응용해 볼까요? 면을 비빈 비빔면은 **반미엔**拌面 bànmiàn, 각종 채소를 소스와 함께 섞어 먹는 샐러드는 **반차이**拌菜 bàncài입니다. 그리고 우리나라의 돌솥비빔밥을 중국어로 만들어 보면? 바로 **스궈반판**石锅拌饭 shíguōbànfàn이 됩니다.

● 솽커우옌뤄보
●● 러우피둥

🍳 솽커우옌뤄보 爽口腌萝卜 shuǎngkǒu yān luóbo

옌(腌)은 '절이다'라는 뜻으로, 보통 **절임 요리**에 붙어요. **솽커우**(爽口)는 '입안이 상쾌한'이란 의미입니다. 따라서 '솽커우옌뤄보'는 '상쾌하고 입맛을 돋우는 절인 무'라고 해석할 수 있는데, 간단하게 '무피클'이라고 생각하면 됩니다.

🍳 러우피둥 肉皮冻 ròupídòng

둥(冻)은 '얼리다'라는 뜻이지만, 여기서는 마치 **얼린 것처럼 굳히는 것**을 말합니다. 러우피둥은 **돼지**(肉) **껍질**(皮) 편육이라고 생각하시면 됩니다. 콜라겐이 많은 부분인 돼지 껍질을 사용하는데, 돼지 껍질의 젤라틴 성분이 국물을 굳게 하여 부드럽고 쫄깃한 질감을 만듭니다.

맛있는 한 마디

松花蛋是什么?
Sōnghuādàn shì shénme?
쏭화단이 무엇인가요?

'是'는 '~이다'라는 뜻의 동사이고, '什么'는 '무엇', '무슨'이라는 뜻의 의문사입니다. '……是什么?'는 '~은 무엇인가요?'라고 묻는 표현으로, 생소한 요리 이름이나 재료를 보았을 때 해당 이름이나 재료를 '是什么?' 앞에 넣어서 질문해 볼 수 있어요.

연습해 봅시다 맛 예문

'시훙스'는 무엇인가요?

西红柿是什么?
Xīhóngshì shì shénme?

'무얼'은 무엇인가요?

木耳是什么?
Mùěr shì shénme?

'샨야오'는 무엇인가요?

山药是什么?
Shānyào shì shénme?

주요 단어

松花蛋 sōnghuādàn 쏭화단 [오리 알]

西红柿 xīhóngshì 토마토

木耳 mùěr 목이버섯

山药 shānyào 마, 참마

 ## 메뉴판 볼 때 유용한 맛단어

돌솥		石锅 shíguō	절이다	腌 yān
뒤섞다		拌 bàn	절인 무	腌萝卜 yānluóbo
액체가 응결되어 젤리 모양으로 된 것	冻 dòng			

2 만드는 법으로 구분한 러차이

이번에는 **러차이**热菜 rècài 위주로 알아보겠습니다. '러차이'는 뜨거운 요리, 즉 '익힌 요리'를 뜻합니다. 식재료를 볶은 것인지, 삶은 것인지, 튀긴 것인지 등의 조리법이 음식명에 표현된 경우를 알아보도록 해요.

🕐 젠쟈오차오러우 尖椒炒肉 jiānjiāochǎoròu

차오(炒)는 '볶다'라는 뜻입니다. **고추**尖椒 jiānjiāo 와 **고기**肉 ròu 라는 재료를 볶아 만든 음식이란 뜻입니다. 여기서 말하는 고추는 '매운 고추'입니다. 젠(尖)은 '뾰족한'이란 뜻이 있어서 **젠쟈오**尖椒 jiānjiāo 는 '뾰족한 고추', 즉 **아주 매운 고추**를 말해요. 그리고 여기서 고기는 **돼지고기**를 말합니다. 돼지고기와 매운 고추를 한데 볶았으니, 밥반찬으로 그만입니다.

🕐 쉐이주뉴러우 水煮牛肉 shuǐzhǔniúròu

주(煮)는 '끓이다'라는 뜻으로, 요리 이름을 그대로 직역하자면 소고기(牛肉)를 물에 끓인 요리(水煮)입니다. 간단히 말하면 마라 맛 국물에 얇게 썬 소고기와 채소를 넣고 팔팔 끓인 쓰촨요리라고 할 수 있어요.

🕐 간자다이위 干炸带鱼 gānzhà dàiyú

자(炸)는 '튀기다'라는 뜻입니다. 말려(干) 튀긴(炸) 갈치(带鱼)인데, 한번 상상해 보세요. 딱 맥주 안주입니다. 한국인에게 있어 튀긴 요리의 대표는 '炸鸡 zhàjī'입니다. '튀긴 닭', 즉 **치킨**을 말해요. **치맥**炸鸡和啤酒 zhàjī hé píjiǔ 은 중국인들에게도 꽤 유명합니다. 드라마 <별에서 온 그대>에 치맥하는 장면이 나오면서 유명세를 타게 되었는데, K-드라마 마니아 중국인이라면 치맥은 꼭 먹어봐야 할 음식이 되었습니다.

🍳 쩡쟈오 蒸饺 zhēngjiǎo

쩡(蒸)은 '찌다'라는 뜻이고, 쟈오(饺)는 교자만두를 뜻해요. 조리 방식이 앞에 오는 작명 방식이라고 할 수 있겠습니다. 응용하자면! **젠쟈오** 烤饺 kǎojiǎo는 煎饺 jiān jiǎo는 군만두이고, 신장 지역의 전통 간식인 **카오빠오즈** 烤包子 kǎo bāozi는 구운 고기 찐빵입니다.

🍳 젠지단 煎鸡蛋 jiān jīdàn

젠(煎)은 '부치다'라는 뜻입니다. 예를 들어 **젠빙** 煎饼 jiānbǐng은 부침개의 일종이라고 할 수 있어요. 계란은 다양한 방법으로 조리할 수 있는 만능 아이템인데요. 계란프라이인 젠지단 외에 **계란말이** 鸡蛋卷 jīdàn juǎn, **스크램블드에그** 炒鸡蛋 chǎo jīdàn, **써니사이드업** 单面煎蛋 dānmiàn jiāndàn, **삶은 계란** 水煮蛋 shuǐzhǔdàn으로 다양하게 만들 수 있습니다. 삶은 계란을 좀 더 디테일하게 알아보면, **반숙란**은 '半熟蛋 bànshúdàn', **완숙란**은 '全熟蛋 quánshúdàn'입니다.

젠빙을 만들고 있는 모습

🍳 홍샤오파이구 红烧排骨 hóngshāo páigǔ

샤오(烧)는 불로 조리하는 것을 통칭하는 조리법입니다. '가열하다'가 기본 뜻이지만 '물을 가열하다' 외엔 쓰이질 않고, 보통 '굽다', '고다', '조리다' 등으로 사용됩니다. 샤오 앞에 '붉다(红)'라는 표현이 붙어 홍샤오(红烧)라고 하면 간장, 토마토 등을 사용해 재료를 넣고 검붉게 조려내는 요리법을 말해요. 홍샤오파이구는 갈비 조림의 느낌이라고 생각하시면 됩니다. 그리고 물에 넣고 천천히 끓여 고아내는 방식이 있는데, 이것은 **뚠**(炖)이라고 합니다. 정리해 보자면, **주**(煮)는 물을 넣고 중불 이상의 온도로 끓여내는 찌개를 떠올리시면 되고, **샤오**(烧)는 물이 줄어들어 자작하게 되고 양념이 재료에 스며드는 갈치 조림을, **뚠**(炖)은 오랜 시간 고아내는 듯하게 쪄내는 갈비찜을 떠올려 보시면 이해가 쉬울 거예요.

我喜欢吃烤的肉。

Wǒ xǐhuan chī kǎo de ròu.

나는 구운 고기 먹는 것을 좋아해요.

고기는 고기인데, 그중에서 **구운 고기**라고 말하고 싶을 때가 있죠? 이럴 땐 **구조조사 '的'**를 사용해서 명 **사를 수식**할 수 있습니다. 그리고 '喜欢'은 '~을 좋아한다'라는 뜻입니다. '我喜欢……的……'를 활용 해서 좋아하는 특정한 음식을 표현해 보세요.

연습해 봅시다 맛 예문

나는 차가운 맥주 마시는 것을 좋아해요.

我喜欢喝冰的啤酒。

Wǒ xǐhuan hē bīng de píjiǔ.

나는 볶은 계란 먹는 것을 좋아해요.

我喜欢吃炒的鸡蛋。

Wǒ xǐhuan chī chǎo de jīdàn.

나는 쪄낸 해산물 먹는 것을 좋아해요.

我喜欢吃清蒸的海鲜。

Wǒ xǐhuan chī qīngzhēng de hǎixiān.

주요 단어

烤 kǎo (불에) 굽다

肉 ròu 고기

冰 bīng 차다, 차갑다

啤酒 píjiǔ 맥주

炒 chǎo (기름 따위로) 볶다

鸡蛋 jīdàn 계란

清蒸 qīngzhēng 간장 등의 조미료를 넣지 않고 찌다

海鲜 hǎixiān 해산물

 메뉴판 볼 때 유용한 맛단어

Track 046

끓이다, 삶다	煮 zhǔ	굽다, 고다, 조리다	烧 shāo
(증기로) 찌다	蒸 zhēng	고다, 데우다	炖 dùn
(기름에) 지지다, (전을) 부치다	煎 jiān	튀기다	炸 zhá

3 맛으로 구분하기

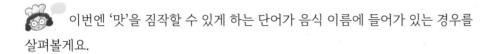

이번엔 '맛'을 짐작할 수 있게 하는 단어가 음식 이름에 들어가 있는 경우를 살펴볼게요.

🌸 쏸라탕 酸辣汤 suānlàtāng

쏸라(酸辣)는 식초, 고추기름의 시고 매운맛을 말해요. 쏸라탕은 쓰촨의 국물 요리로, 한국에는 없는 맛인 시큼한 매운맛이 처음엔 적응하기 어렵지만 점점 빠져드는 매력이 있습니다.

🌸 마라샤오롱샤 麻辣小龙虾 málà xiǎolóngxiā

얼얼한(麻), **매운맛**(辣)인 마라 맛은 이제 우리에게도 익숙한 중독의 맛이죠. 마라샤오롱샤는 **마라의 맛을 낸 민물가재**입니다. 강렬한 붉은 마라향으로 볶아낸 건데, 양손에 비닐 장갑을 끼고 작은 가재 몸통을 꺾어 껍질을 어렵게 까면 조그마한 살이 나옵니다. 감질나게 양이 적어 용쓴 만큼 소득이 크지 않지만, 까먹는 재미가 쏠쏠합니다. 베이징의 먹자 거리 **구이제**簋街 guǐ jiē 에 가면, 마라샤오롱샤 집중 골목이 있습니다.

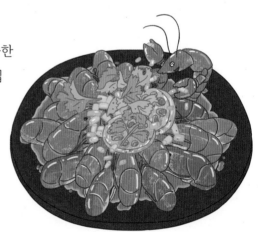

🌸 오향훈제생선 五香熏鱼 wǔxiāng xūnyú

다섯 가지 향을 뜻하는 **오향**(五香)은 다섯 가지 향신료인 계피, 팔각, 화쟈오, 정향, 회향의 조합을 말하는데, 음식 만드는 사람에 따라 향신료를 덜 넣기도 하고, 후추, 간장을 추가하기도 합니다. 쉰(熏)은 '훈제하다', '연기를 쐬다'라는 뜻이니, **오향의 향신료를 첨가한 훈제 생선 요리**라고 할 수 있습니다.

쏸니바이러우 蒜泥白肉 suànní báiròu

쏸(蒜)이 들어가면 '마늘'이 조연쯤 되는 음식이라고 생각하시면 됩니다. **쏸니**蒜泥 suànní는 마늘을 진흙처럼 으깨 넣은 양념이에요. **삶아서 차게 식힌 돼지고기**白肉 báiròu 위에 찐 마늘을 넣어 만든 간장 양념을 얹은 요리로, '마늘 돼지고기 냉채'라고 할 수 있겠습니다.

핫윙 香辣鸡翅 xiānglà jīchì

샹라(香辣)는 직역하면 향기로운 매움인데, 고심 끝에 '매콤'으로 형용하기로 했습니다. 강렬한 매운맛에 달달함이 살짝 도는 맛이라고 할 수 있어요. **닭날개**鸡翅 jīchì 요리인 '香辣鸡翅 xiānglà jīchì'는 '핫윙'이라고 할 수 있습니다.

위샹러우쓰 鱼香肉丝 yúxiāngròusī

위샹(鱼香)을 직역하면 '물고기 향기'입니다. 하지만 이 소스엔 생선이 들어가지 않습니다. 마치 붕어빵에 붕어가 없는 것처럼 말이죠. '위샹'은 **매콤달콤에 약간의 신맛이 가미된 것**인데 고추장, 간장, 설탕, 식초, 마늘 등을 넣어 볶아 만들고, 여기에 얇게 채를 썬 돼지고기와 야채를 넣으면 위샹러우쓰가 됩니다. 돼지고기 대신 가지로 바꿔 넣으면 **위샹치에즈**鱼香茄子 yúxiāngqiézi가 되겠죠!

这个菜又香又辣。
Zhège cài yòu xiāng yòu là.
이 요리는 고소하면서 매워요.

‘又……又……’는 ‘~이기도 하고 ~이기도 하다’라는 뜻의 표현입니다. 사람이나 사물이 **동시에 두 가**
지 속성을 모두 가지고 있음을 나타내요.

연습해 봅시다 맛 예문

이 요리는 새콤달콤해요.
这个菜又酸又甜。
Zhège cài yòu suān yòu tián.

이 요리는 향긋하고 바삭해요.
这个菜又香又脆。
Zhège cài yòu xiāng yòu cuì.

이 요리는 얼얼하고 매워요.
这个菜又麻又辣。
Zhège cài yòu má yòu là.

주요 단어

这个 zhège 이, 이것

菜 cài 요리

香 xiāng 향기롭다, 맛있다

辣 là 맵다

酸 suān 시다, 시큼하다

甜 tián 달다

脆 cuì 바삭바삭하다

麻 má 얼얼하다

 메뉴판 볼 때 유용한 맛단어

Track 048

맵고 얼얼한 [마라]	麻辣 málà	매콤한	香辣 xiānglà
오향	五香 wǔxiāng	그을다, 훈제하다	熏 xūn
다진 마늘	蒜泥 suànní	새콤하고 매운	酸辣 suānlà

4 재료로 구분하기

 음식 이름을 통해 재료를 단박에 알 수도 있습니다. 물론 그 재료를 어떤 조리법으로 만들었는지도 확인할 수 있어요.

🕐 **토마토계란볶음** 西红柿炒鸡蛋 xīhóngshì chǎo jīdàn

토마토西红柿 xīhóngshì와 **계란**鸡蛋 jīdàn이 들어가고, 이 두 가지 재료를 볶아내는 요리입니다.

토마토계란볶음

🕐 **감자소고기볶음** 土豆烧牛肉 tǔdòu shāo niúròu

샤오(烧)는 '오래 끓여 조리다'라는 뜻입니다. **감자**土豆 tǔdòu와 **소고기**牛肉 niúròu를 넣고 간장 양념에 조리듯 끓이는 밥반찬입니다.

🕐 **닭고기버섯조림** 小鸡炖蘑菇 xiǎojī dùn mógu

닭小鸡 xiǎojī과 **버섯**蘑菇 mógu을 넣어 푹 고아내는 요리인데, 마치 **안동찜닭 같은 느낌** 입니다. 샤오지(小鸡)는 부리와 발 깃털이 누런빛을 띠는 닭인데, 일반적인 닭보다 육질이 부드럽고 뼈가 연해서 조림 요리에 적합하다고 합니다. 몸집이 일반 닭보다 작기 때문에 샤오(小)가 붙었습니다.

🕐 **쏸차이위** 酸菜鱼 suāncàiyú

쏸차이위

조리법을 빼고 담백하게 재료만 나열한 이름입니다. **쏸차이**酸菜 suāncài는 시큼한 맛의 절인 배추로, 우리로 치면 씻은 묵은지의 느낌이랄까요? 쏸차이를 볶다가 닭 육수를 붓고, 미리 밑간을 한 농어나 잉어를 넣고 끓이는 쓰촨요리인데, 쓰촨의 요리답게 **화쟈오**花椒 huājiāo가 들어가 마라한 맛이 있습니다.

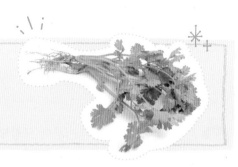

这个菜里有香菜吗?

Zhège cài lǐ yǒu xiāngcài ma?

이 요리에 고수가 있나요?

'这个菜里有……吗?'는 '이 음식 안에 ~이 있나요?'라고 물어보고 싶을 때 사용할 수 있는 표현이에요. 먹으려는 요리 안에 특정 재료나 성분이 들어있는지 확인하고 싶을 때 활용해 보세요.

연습해 봅시다 맛 예문

이 요리에 마늘이 있나요?

这个菜里有蒜吗?

Zhège cài lǐ yǒu suàn ma?

이 요리에 화쟈오가 있나요?

这个菜里有花椒吗?

Zhège cài lǐ yǒu huājiāo ma?

이 요리에 고추가 있나요?

这个菜里有辣椒吗?

Zhège cài lǐ yǒu làjiāo ma?

주요 단어

里 lǐ 속, 안

有 yǒu 있다

香菜 xiāngcài 고수

吗 ma ~입니까?

蒜 suàn 마늘

花椒 huājiāo 화쟈오 [산초나무 열매]

辣椒 làjiāo 고추

 메뉴판 볼 때 유용한 **맛단어**

 Track 050

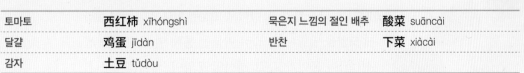

토마토	西红柿 xīhóngshì	묵은지 느낌의 절인 배추	酸菜 suāncài
달걀	鸡蛋 jīdàn	반찬	下菜 xiàcài
감자	土豆 tǔdòu		

5 모양으로 구분하기

재료의 모양이 음식 이름에 포함되어 채를 썬 형태인지, 깍둑썰기 된 것인지 등 음식의 만듦새를 미리 알 수 있는 경우입니다.

⊛ 위샹러우쓰 鱼香肉丝 yúxiāngròusī

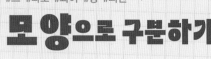

위샹(鱼香)은 매콤달콤에 약간의 신맛이 가미된 소스이고, **쓰**(丝)는 가늘게 채를 썬 모양을 말합니다. 따라서 위샹러우쓰는 고기(肉)를 가늘게 채 썰고 매콤달콤 새콤하게 볶아낸 것이겠죠? 감자채(土豆丝), 닭고기채(鸡肉丝)로 응용해 볼 수 있는데요. '매운 고추 감자채볶음'은 '尖椒土豆丝'로 작명할 수 있겠습니다.

쓰와 탸오

⊛ 쟈창치에탸오 家常茄条 jiācháng qiétiáo

탸오(条)는 오이 스틱 모양으로 썰어진 형태를 말합니다. 치에탸오(茄条)는 가지를 손가락 크기 정도로 길게 잘라서 볶거나 조린 것이라 예측할 수 있습니다. 요리명에 있는 쟈창(家常)은 가정에서 자주 접하는, 즉 **별스러울 것 없는 밑반찬**의 의미로, '家常茄条 jiācháng qiétiáo'는 **가지볶음** 정도라 생각하시면 됩니다. 참고로 패스트푸드점에서 파는 감자튀김은 감자를 굵고 길쭉하게 잘라 만드니 **슈탸오**薯条 shǔtiáo 라고 합니다. 슈(薯)는 보통 '감자'를 뜻하지만 더 넓은 의미로는 뿌리채소나 구근류를 가리키는 데 사용할 수 있어요.

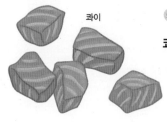

콰이

⊛ 훙샤오위콰이 红烧鱼块 hóngshāo yúkuài

콰이(块)는 깍둑썰기, 뭉텅이로 고정된 형태 없이 굵게 잘라낸 모양을 말합니다. 요리 이름을 통해 이 요리에는 생선(鱼)이 들어가고, 그 생선의 모양이 '콰이(块)'구나!

를 알 수 있습니다. 만약 주재료가 생선이 아니라 닭고기라면 **홍샤오지콰이**红烧鸡块 hóngshāo jīkuài가 되겠죠?

◉ 궁바오지딩 宮保鸡丁 gōngbǎojīdīng

작고 균일하게 자른 정사각형 조각을 **딩**(丁)이라고 합니다. 콰이(块)는 **균일하지 않고 크게**, 딩(丁)은 **작고 균일하게** 잘랐다는 데 차이가 있습니다. 음식 이름에 닭(鸡)과 딩(丁)이 있으니, 닭고기를 작은 큐브 형태로 잘랐겠구나 짐작해 볼 수 있습니다.

딩

◉ 샹라투더우피엔 香辣土豆片 xiānglà tǔdòupiàn

피엔(片)은 감자칩 모양으로 얇게 썰어낸 형태를 말합니다. 만약 앞서 소개한 '홍샤오위콰이'와 다른 조리 방법은 모두 같고, 생선을 뭉텅이 형태로 잘라내는 것이 아니라 생선을 얇게 썰어내는 방식을 사용했다면 **홍샤오위피엔**红烧鱼片 hóngshāo yúpiàn 이 되겠죠! 감자칩은 **슈피엔**薯片 shǔpiàn 이라고 하는 것도 같이 알아두세요.

피엔

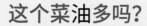

Track 051

这个菜油多吗?

Zhège cài yóu duō ma?

이 요리에는 기름이 많나요?

'多'는 '많다'라는 뜻입니다. '这个菜……多吗?'는 '이 요리에는 ~이 많나요?'라는 표현으로, 특정한 요리나 음식에 특정한 성분이 많은지를 물을 때 쓸 수 있습니다.

연습해 봅시다 맛 예문

이 요리에는 국물이 많나요?

这个菜汤多吗?

Zhège cài tāng duō ma?

이 요리에는 고기가 많나요?

这个菜肉多吗?

Zhège cài ròu duō ma?

이 요리에는 고수가 많나요?

这个菜香菜多吗?

Zhège cài xiāngcài duō ma?

주요 단어

油 yóu 기름

汤 tāng 국물

肉 ròu 고기

 메뉴판 볼 때 유용한 **맛단어**

Track 052

가지 스틱	茄条 qiétiáo	닭고기 조각, 치킨너겟	鸡块 jīkuài
작고 네모나게 썬 닭고기	鸡丁 jīdīng	생선을 썬 조각	鱼片 yúpiàn
실처럼 잘게 썬 고기	肉丝 ròusī	깍둑썰기한 생선	鱼块 yúkuài

PART 5

제대로
알고 먹자

1 스토리가 있는 음식

특별한 탄생 스토리나 전설이 담긴 음식은 식탁 위의 이야기거리가 되기도 하죠. 식사를 함께하는 이에게 들려주어 특별한 기억으로 남게 하는 효과도 있습니다.

🌸 마파두부 麻婆豆腐 mápódòufu

쓰촨요리인 마파두부의 이름을 풀어서 보면, 곰보(麻)를 가진 할머니(婆)의 두부(豆腐)입니다. 깍둑썰기한 두부에 고추, 마늘, 청경채 등 다양한 채소와 함께 돼지고기 또는 소고기를 넣어 매콤하게 조리한 요리로, 청나라 때 얼굴에 곰보 자국이 있는 노부인이 처음 만들어 팔던 것이 인기를 끌며 유명해졌다고 합니다. 원조 마파두부 음식점은 **천마포 더우푸** 陈麻婆豆腐 chén mápódòufu 라고 알려져 있습니다. 쓰촨성 청두에 있는 1862년에 설립된 이 식당은 마파두부의 탄생지로 유명하며, 창립자인 할머니의 요리법을 여전히 이어가고 있습니다.

🌸 동파육 东坡肉 dōngpōròu

저장 요리(浙江菜)인 동파육은 항저우의 대표 음식입니다. 이 요리는 중국의 유명한 시인이자 정치가인 소식(苏轼)이 항저우의 지방 관리로 재직할 때 노동자들을 위해 돼지고기를 큰 솥에 넣고 오래 익혀 제공했다는 데에서 유래합니다. 소식의 호가 **동파** 东坡 dōngpō였기 때문에 동파육이라 불립니다. 동파육은 돼지고기 삼겹살을 사용해 만들며, 설탕, 간장, 술 그리고 다양한 향신료로 맛을 낸 후 느리게 익혀서 부드러운 질감과 깊은 맛을 냅니다.

🌶 궁바오지딩 宫保鸡丁 gōngbǎojīdīng

쓰촨요리의 하나로, 궁바오(宫保)의 닭 조각(鸡丁)이란 뜻입니다. 청나라 시대의 유명한 관료 딩바오전(丁宝桢)이 즐겨 먹던 요리라고 하는데, 궁바오(宫保)는 그의 관직명입니다. 궁바오지딩은 닭고기, 땅콩, 채소를 매콤달콤한 소스와 함께 볶아 만듭니다.

🌶 양저우차오판 扬州炒饭 yángzhōu chǎofàn

흔하디 흔한 것이 볶음밥일진대, 특별히 양저우의 볶음밥이 유명한 이유는 황제의 볶음밥이기 때문입니다. 청나라 6대 황제 고종이 양저우에 순방 들렀을 때 지역 요리사에게 볶음밥을 요청했는데, 양저우의 가장 신선하고 고급스러운 재료를 각각 별도로 볶아내어 대접하며 유명해졌습니다.

🌶 지아오화지 叫花鸡 jiàohuājī

장쑤 요리인 '지아오화지'는 이름을 풀어서 보면 '꽃(花)을 부른다(叫)'라는 표현이 다소 낭만적으로 느껴지나, 중국어로 **지아오화**叫花 jiàohuā 는 '구걸하다'라는 의미이기 때문에 '거지닭'이라고 불립니다. 지아오화지는 손질한 닭에 소금, 후추, 간장을 바르고, 파와 생강을 넣은 후 진흙으로 싸서 구워 만듭니다. 전해지는 바에 따르면 한 걸인이 우연히 닭 한 마리를 얻었는데 닭털을 뽑을 뜨거운 물조차 구할 수 없었습니다. 고민하다 닭에 진흙을 발라 구웠는데 구워진 진흙이 벗겨지면서 닭털이 함께 떨어졌고, 그 맛이 훌륭하여 널리 퍼졌다고 합니다. 그 후에 창시자의 신분을 따 '거지닭'이라 부르기 시작했다고 합니다.

这个菜很有名。
Zhège cài hěn yǒumíng.
이 음식은 매우 유명해요.

'很'은 '매우', '아주'라는 뜻이에요. **'주어+很+형용사'**의 형태로 어떤 사물이나 사람이 어떠한지 또는 어떠한 상태인지를 나타낼 수 있습니다.

 연습해 봅시다 맛 예문

이 식당은 매우 유명해요.
这个餐厅很有名。
Zhège cāntīng hěn yǒumíng.

이 요리는 매우 맛있어요.
这个菜很好吃。
Zhège cài hěn hǎochī.

이 종류의 술은 도수가 매우 높아요.
这种酒度数很高。
Zhè zhǒng jiǔ dùshu hěn gāo.

주요 단어

这个 zhège 이, 이것

菜 cài 요리

有名 yǒumíng 유명하다

餐厅 cāntīng 식당

好吃 hǎochī 맛있다

种 zhǒng 종, 종류

酒 jiǔ 술

度数 dùshu 도수

高 gāo 높다

메뉴판 볼 때 유용한 맛 단어

 Track 054

마파두부	麻婆豆腐 mápódòufu	돼지족발	猪蹄 zhūtí
동파육	东坡肉 dōngpōròu	양저우볶음밥	扬州炒饭 yángzhōu chǎofàn
삼겹살	五花肉 wǔhuāròu	지아오화지	叫花鸡 jiàohuājī
비계	肥肉 féiròu	두부	豆腐 dòufu
살코기	瘦肉 shòuròu		

2 알고 먹으면 더 맛있는 훠궈

훠궈(火锅) 하면 맵고 아린 **마라훠궈**가 생각나지만, 훠궈는 지역에 따라 **궈디**锅底 guōdǐ 의 종류도 다르고, 주재료에 따른 종류도 매우 다양합니다. 우선 기본적으로 먹어봐야 할 훠궈를 소개합니다.

🌸 양고기 훠궈 涮羊肉 shuànyángròu

북방식이자 베이징식 훠궈로, 끓는 물에 얇게 썬 양고기를 **휘휘 저어**涮 shuàn 익혀 먹습니다. 동으로 만든 신선로 형태의 구리 솥에서 끓인다 하여 **통궈솬양러우**铜锅涮羊肉 tóngguō shuànyángròu 라고도 합니다. 통궈(铜锅)는 냄비와 화로가 합쳐진 형태입니다. 중앙에 우뚝 쏟은 원기둥 형태의 기둥 안에 숯을 넣어 태우고 그 주변을 둘러싼 냄비에 담긴 물과 음식이 이를 통해 끓는 방식이에요. 추운 북방지역에서 추위를 달래고 열량을 채우기 위해 먹기 시작했다고 해요.

처음에는 아무 양념 없는 맹물을 부어 끓이기 시작해서, 양고기, 야채, 버섯 등을 담가 익혀 먹다 보면 진한 육수가 되는데, 그 뜨끈함과 구수함이 아주 일품입니다. 양고기 훠궈의 라오쯔하오(老字号)인 **똥라이슌**东来顺 dōngláishùn 에는 꼭 가보셔야 합니다. 라오쯔하오는 중국의 100년 이상 된 전통의 아이템에게만 부어하는 칭호로, 모자, 비단, 칼, 등 생활용품부터 먹거리까지 다양한 품목이 있는데, 1903년 베이징에 설립된 양고기 훠궈 전문점 **똥라이슌**도 그중 하나입니다.

● 통궈
●● 똥라이슌

🦐 마라훠궈 麻辣火锅 málà huǒguō

쓰촨의 훠궈는 **화쟈오**를 기본으로 한 화하고 아린 매운맛이 특징입니다. 우리나라에도 들어와 있는 훠궈 브랜드 **하이디라오**海底捞 hǎidǐlāo가 **쓰촨 마라훠궈 전문 체인점**이에요. 깊고 어두운 해저(海底)에서 보물을 건져낸다(捞)라는 뜻의 이름으로, 펄펄 끓는 바닥이 보이지 않은 궈디(锅底)에서 보물처럼 귀하고 맛있는 재료를 건져(捞) 먹는다는 뜻과 묘하게 연결되는 재치 있는 이름입니다.

마라훠궈는 보통 사골국물에 **소기름**牛油 niúyóu, **화쟈오**花椒 huājiāo, **팔각**八角 bājiǎo, **쯔란**孜然 zīrán 등을 넣어 맛을 내는데, 펄펄 끓는 소기름 비쥬얼에 마비되는 듯한 매운맛 때문에 이것이 바로 지옥의 맛인가 싶지만, 점차 중독되는 맛이기도 합니다. 충칭은 원래 쓰촨성의 일부였으나, 1997년에 직할시로 승격되며 분리된 바 있습니다. 따라서 충칭의 훠궈는 쓰촨성의 청두 훠궈와 차이가 좀 있습니다. 청두 훠궈는 사골에 유채기름을 넣고 향신료를 사용해 마라 맛을 내는데, 충칭 훠궈에 비해 담백한 편입니다. 식재료도 육류, 해산물, 채소 등을 다채롭게 쓰고, 소스로는 땅콩소스를 써서 매운맛을 좀 덜하게 합니다. 충칭 훠궈는 소기름을 더하고 향신료를 더 많이 가미해, 상대적으로 맵고 얼얼함이 더 강렬해요. 육류와 육류의 내장을 재료로 하고, 소스는 참기름, 다진 마늘, 고수를 섞는 것이 정통파입니다. 이 둘의 비교는 제가 선전에서 지낼 때 단골로 가던 충칭 훠궈 전문점 사장님의 설명입니다!

충칭 훠궈

Track 055

你要哪种锅底?

Nǐ yào nǎ zhǒng guōdǐ?

어떤 종류의 탕을 원해요?

'哪'는 '어느', '어떤'이라는 뜻의 의문대사입니다. '哪+양사+명사'의 순서로 말하면 되고, 어떤 종류를 선택할 것인지 물을 때 사용할 수 있어요.

연습해 봅시다 맛 예문

어떤 생선을 선택하시겠어요?

你选哪条鱼?

Nǐ xuǎn nǎ tiáo yú?

어떤 종류의 소스를 원하세요?

你要哪种小料?

Nǐ yào nǎ zhǒng xiǎoliào?

어떤 자리에 앉으실 건가요?

你坐哪个位子?

Nǐ zuò nǎ ge wèizi?

주요 단어

要 yào 필요하다, 원하다

锅底 guōdǐ 훠궈의 탕

选 xuǎn 고르다, 선택하다

条 tiáo 가늘고 긴 것을 세는 단위

鱼 yú 생선

小料 xiǎoliào 조미료, 양념

坐 zuò 앉다

个 ge 개, 명, 사람

位子 wèizi 자리, 좌석

훠궈 먹을 때 유용한 맛단어

 Track 056

팽이버섯	金针菇 jīnzhēngū	녹색 채소류	青菜 qīngcài
느타리버섯	平菇 pínggū	버섯 모둠	蘑菇拼盘 mógu pīnpán
표고버섯	香菇 xiānggū	얇게 썬 감자	土豆片 tǔdòupiàn
넓은 당면 [콴펀]	宽粉 kuānfěn	미역, 다시마	海带 hǎidài
애배추	娃娃菜 wáwacài	오징어	鱿鱼 yóuyú
배추	白菜 báicài	두부피	豆腐皮 dòufupí

3 우리가 몰랐던 다양한 훠궈

샤브샤브의 담백한 버전인 **양고기 훠궈**와 매운맛 버전 **마라훠궈**를 맛봤다면, 이젠 조금 더 지역을 세분화하여 그 지역에서 존재감 뿜뿜인 훠궈를 섭렵해 보는 게 어떨까요?

🌑 야생 버섯 훠궈 野生菌火锅 yěshēng jùn huǒguō

윈난의 **야생 버섯**을 메인 재료로 하는 훠궈입니다. 버섯으로 육수를 내고, 다양한 야생 버섯과 건강에 좋은 약용 버섯 그리고 다양한 채소를 넣어 먹는데, 자연의 맛을 그대로 느낄 수 있어 먹기만 해도 건강해지는 느낌입니다.

🌑 코코넛 닭 훠궈 椰子鸡火锅 yèzijī huǒguō

하이난다오의 훠궈로, **닭고기와 코코넛**을 함께 조리하는 것이 특징입니다. 달콤 구수한 코코넛 국물로 익힌 부드러운 닭고기를 다 건져 먹고 그 국물에 야채, 고기, 버섯 등을 추가로 넣은 다음 건져 먹는데, 자극적이지 않은 국물 맛이 보양식을 먹는 느낌이 들기도 합니다. 여기에 코코넛 주스를 함께 곁들이면 하이난다오 해변가에 있는 기분이랄까요?!

개구리 훠궈

🌑 개구리 훠궈 牛蛙火锅 niúwā huǒguō

커다란 근육을 가진 **황소개구리**를 마라훠궈의 주재료로 삼는 훠궈입니다. 개구리 훠궈 전문점이 생길 만큼 현지에서 인기인데요. 미끌한 식감이 어색할 순 있는데, 한 번쯤 먹어볼 만합니다.

🌑 광둥식 소고기 훠궈 广式牛肉火锅 guǎngshì niúròu huǒguō

생수병을 따서 그릇에 담아주고, 그 끓은 물에 **신선한 각종 소고기 부위**를 익혀 먹는 깔끔한 훠궈입니다. 고기를 다 건져 먹은 후엔 그야말로 진한 소고기 육수가 남는데, 거기에 국수를 넣어 끓여 먹기도 합니다. 한국식 샤브샤브와도 닮아있습니다.

맛있는 한 마디

Track 057

小料怎么做?
Xiǎoliào zěnme zuò?
양념 소스는 어떻게 만들어요?

'怎么'는 '어떻게'라는 뜻의 의문대사입니다. 동사 앞에 놓여 **동작의 방식을 묻는 표현**을 만들 수 있어요.

연습해 봅시다 맛 예문

새우 완자는 어떻게 먹어요?
虾滑怎么吃?
Xiāhuá zěnme chī?

면은 어떻게 주문해요?
面条怎么点?
Miàntiáo zěnme diǎn?

계산은 어떻게 해요?
怎么买单?
Zěnme mǎidān?

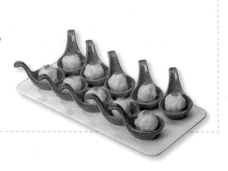

주요 단어

做 zuò 만들다
虾滑 xiāhuá 새우 완자
面条 miàntiáo 면, 국수
点 diǎn 주문하다
买单 mǎidān 계산하다

훠궈 먹을 때 유용한 **맛단어**

Track 058

버섯류 총칭	菌 jùn	간장	酱油 jiàngyóu
야자열매	椰子 yēzi	식초	醋 cù
황소개구리	牛蛙 niúwā	생강	姜 jiāng
원앙 냄비	鸳鸯锅 yuānyāngguō	땅콩장	花生酱 huāshēngjiàng
지우공거	九宫格 jiǔgōnggé	참기름	香油 xiāngyóu

④ 밥도둑 일상 가정 요리

일상 가정 요리(家常菜)는 가정(家)에서 자주(常) 볼 수 있는 음식(菜)이란 뜻으로, 우리나라의 김치찌개, 된장찌개, 멸치볶음처럼 집에서도 자주 해 먹는 보통의 음식을 의미합니다. 중국 음식은 여럿이 여러 종류를 함께 시켜 먹는 것이 보통인지라, 만약 혼자서 중국에 미식 여행을 간다면 조금 불리할 수 있어요. 어학연수유학생 스타일로 밥 한 그릇에 곁들여 먹을 수 있고 한국인의 입맛에도 잘 맞는 음식 몇 가지를 공유해 봅니다. 하나 시켜 먹기엔 아쉬우니까 두세 가지 시켜 밥과 함께 먹되, 남은 음식은 포장해 가서 전자레인지에 돌려 먹는 것도 방법입니다.

⊙ 토마토계란볶음 西红柿炒蛋 xīhóngshì chǎodàn

토마토와 계란을 볶은 요리입니다. 우리나라에서는 토마토를 주로 생으로 먹거나 스파게티 소스 정도로 생각하지만, 중국에서는 토마토를 요리에 많이 활용합니다. 토마토는 **시훙스**西红柿 xīhóngshì 혹은 **판치에**番茄 fānqié 라고 해요. 전자는 주로 북쪽에서, 후자는 주로 남쪽에서 사용합니다. 시훙스는 '서쪽의 홍시 또는 붉은 열매'라는 뜻으로 무역을 통해 전해진 서양의 채소라는 것을 알 수 있습니다. '판치에'의 **판**(番)은 '외

시훙스지단탕

국의' 혹은 '토착이 아닌 것'을 의미해요. **치에**(茄)는 가지과에 속하는 과일이나 채소에 붙으니, '판치에'는 '서양 가지' 정도로 설명할 수 있겠네요. **시훙스차오단**西红柿炒蛋 xīhóngshì chǎodàn 혹은 **판치에차오지단**番茄炒鸡蛋 fānqié chǎojīdàn을 밥에 넣어 쓱쓱 비벼 먹으면 새콤달콤하니 맛있고, **시훙스지단탕**西红柿鸡蛋汤 xīhóngshì jīdàntāng으로도 해 먹을 수 있습니다. 토마토와 계란만 있으면 뚝딱 만들 수 있으니, 자취생들이 쉽게 만들어 먹을 수 있는 아이템이 되기도 합니다.

탕추파이구 糖醋排骨 tángcùpáigǔ

양념 돼지 쪽갈비 요리입니다. 돼지갈비를 삶은 후 설탕, 간장, 식초 베이스의 양념으로 코팅하듯 볶아내는데, 요리명에 들어가 있는 양념 이름 **탕추**(糖醋) 그대로, 달콤새콤한 맛입니다.

쏸라투더우쓰 酸辣土豆丝 suānlà tǔdòusī

쓰(丝)는 얇게 채 썬 모양을 뜻하며, 투더우쓰(土豆丝)는 감자채볶음이라 할 수 있습니다. 쏸라(酸辣)는 **시고 매운맛**을 의미하는데, 쓰촨 지역의 대표적인 맛입니다. 식초와 고추로 맛을 내어, 먹고 나면 땀이 쭉 빠질 만큼 개운합니다. 쏸라투더우쓰와 함께 달달한 궁바오지딩을 밥에 얹어 먹으면 꿀맛입니다.

후이궈러우 回锅肉 huíguōròu

후이궈러우는 '솥(锅)으로 돌아온(回) 고기(肉)'란 재미난 이름을 가진 음식으로, 돼지고기 두루치기 정도로 생각하시면 됩니다. 돼지고기를 한 차례 삶은 후 다시 볶아내는 과정을 거치니, '다시 돌아온 돼지고기'가 됩니다.

후이궈러우

띠싼시엔 地三鲜 dìsānxiān

땅에서 나는 세 가지 신선한 재료인 **가지**茄子 qiézi, **감자**土豆 tǔdòu, **피망**青椒 qīngjiāo을 채 썰어 튀기듯이 구운 후 간장, 설탕, 소금 등을 넣고 볶아 만든 요리입니다. 튀기듯이 구웠기 때문에 재료가 무르지 않고 바삭바삭합니다.

띠싼시엔

一共几个菜?

Yígòng jǐ ge cài?

총 몇 개의 요리인가요?

'一共'은 '전부', '모두'라는 뜻이고, '几'는 '얼마', '몇'이라는 뜻의 의문대사입니다. '几'는 보통 10보다 적은 수량을 물을 때 사용하는 표현이에요. '**一共+几+양사+명사?**' 표현을 사용해서 전부 합해서 수량이 어떻게 되는지 물을 수 있어요.

연습해 봅시다 맛 예문

총 몇 명인가요?

一共几个人?

Yígòng jǐ ge rén?

술이 총 몇 병인가요?

一共几瓶酒?

Yígòng jǐ píng jiǔ?

밥이 총 몇 공기인가요?

一共几碗米饭?

Yígòng jǐ wǎn mǐfàn?

주요 단어

人 rén 사람

瓶 píng 병

酒 jiǔ 술

碗 wǎn 공기, 그릇

米饭 mǐfàn 밥, 쌀밥

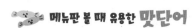 메뉴판 볼 때 유용한 **맛단어**

Track 060

피망	青椒 qīngjiāo	계란말이	鸡蛋卷 jīdànjuǎn
붕어	鲫鱼 jìyú	계란찜	鸡蛋羹 jīdàngēng
계란탕	鸡蛋汤 jīdàntāng	냄비	锅 guō

5 5대 면 요리

밀가루, 쌀을 주식으로 하는 동방의 민족에게 면 요리는 빼놓을 수 없죠. 중국 대륙에도 꼭 도장 깨기를 해야 할 5대 면 요리가 있습니다.

쓰촨 딴딴면 四川担担面 Sìchuān dàndànmiàn

딴딴면은 쓰촨의 대표 면 요리입니다. **딴(担)**은 **어깨에 매다**라는 뜻의 동사인데, 어깨에 매고 다니며 팔던 면이라 하여 '딴딴면'이 되었습니다. 고추기름의 알싸하고 매운맛에 참기름의 고소함을 더했는데, 마라 양념에 비빈 면의 느낌입니다.

딴딴면

베이징 짜장면 北京炸酱面 Běijīng zhájiàngmiàn

우리나라의 짜장면은 단맛이 강한 반면, 베이징의 짜장면은 장을 볶은 짠맛으로 약간은 낯선 맛입니다. 지금 우리가 즐겨 먹는 짜장면은 중국 화교를 통해 전해진 중국의 짜장면이 한국으로 들어와 현지화를 이룬 셈입니다. 그래서 '짜장면은 중국에 없다'라는 말이 나온 겁니다. 베이징 짜장면은 진한 **콩장**黄豆酱 huángdòujiàng에 돼지고기와 다양한 야채를 섞어 만든 소스를 면 위에 얹어 먹습니다.

우한 러깐면 武汉热干面 Wǔhàn règānmiàn

러깐면은 직역하면 **뜨거운(热) 말린 면(干面)**이란 뜻인데, 맛은 **깨장**芝麻酱 zhīmajiàng을 써서 중국식 짜장면에 고소함을 더한 느낌이고 면은 짜장면보다는 얇고 단단합니다. 러깐면에 사용하는 면은 **젠쉐이미엔**碱水面 jiǎnshuǐmiàn인데, 달고나를 만들 때 쓰는 하얀 가루, 소다 아시죠? 바로 그 소다를 푼 소다수(碱水)를 밀가루에 넣고 반죽하여 뽑아냅니다. 탱글탱글 단단한 탄력을 가진 면입니다.

🌸 산시 도삭면　山西刀削面 Shānxī dāoxiāomiàn

도삭면은 직역하면 칼(刀)로 깎아낸(削) 면이에요. 밀가루 반죽을 김밥 말듯 둘둘 말아서 잠시 숙성시킨 후 마치 과일 껍질을 깎아내듯 밀가루를 깎아내어 면을 만듭니다. 채를 썬 닭고기와 고추, 파, 마늘을 넣고 볶다가 **톈몐장**甜面酱 tiánmiànjiàng을 넣고 양념을 만든 후 삶은 면에 얹어 먹는 것인데, 비빔 수제비 느낌의 식감이 익숙한듯 좋습니다.

🌸 란저우 뉴러우미엔　兰州牛肉面 Lánzhōu niúròumiàn

간쑤성 란저우 지역의 대표 면 요리로, 체인점 이름인 '란저우 라면'으로 더 익숙한 이름입니다. 라면(拉面)은 발음 때문에 우리가 흔히 먹는 인스턴트 라면을 떠올리기 쉽지만 **당기는(拉) 면(面)**, 즉 손으로 당겨 만드는 수타면이란 뜻입니다. 소고기 육수에 면을 끓이고 얇게 썰어낸 소고기를 얹는데, 깔끔한 해장이 되는 맛입니다.

Track 061

我们都吃面。
Wǒmen dōu chī miàn.
우리는 모두 면을 먹어요.

'我们'은 '우리(들)', '都'는 '모두'라는 뜻입니다. '我们都'는 **'우리는 모두'**라는 표현이에요. 가끔 음식점에서 모두의 의견이 통일될 때가 있습니다. 그리고 모두 같은 요구사항이 있을 수 있죠. 바로 이럴 때 이 표현을 써 보세요.

연습해 봅시다 맛 예문

우리는 모두 아이스커피를 마셔요.
我们都喝冰咖啡。
Wǒmen dōu hē bīng kāfēi.

우리 모두 고추를 주세요.
我们都要辣椒。
Wǒmen dōu yào làjiāo.

우리 모두 계란을 넣어주세요.
我们都加鸡蛋。
Wǒmen dōu jiā jīdàn.

주요 단어

面 miàn 국수
冰咖啡 bīng kāfēi 아이스커피
辣椒 làjiāo 고추
加 jiā 넣다, 첨가하다
鸡蛋 jīdàn 계란

 면 요리 먹을 때 유용한 맛단어

Track 062

딴딴면	**担担面** dàndànmiàn	라미엔 [수타면]	**拉面** lāmiàn
짜장면	**炸酱面** zhájiàngmiàn	인스턴트 라면	**方便面** fāngbiànmiàn
러깐면	**热干面** règānmiàn	사발면	**碗面** wǎnmiàn
칼국수, 도삭면	**刀削面** dāoxiāomiàn	컵라면	**杯面** bēimiàn

111

6 맛있는 면 요리 추가요

테마를 가진 여행은 인상 깊은 기억을 남겨줍니다. 만약 식도락 여행을 계획하신다면 식도락의 주제를 정하고 도장을 깨며 정복의 느낌으로 맛보기를 해 보시길 추천합니다. 우리에게 빵 순례가 있다면, 중국에선 면 순례를 해볼 수 있겠습니다. 5대 면 요리엔 꼽히지 못했으나, 존재감이 큰 면 요리를 추가로 소개해 보겠습니다.

충칭소면 重庆小面 Chóngqìng xiǎomiàn

육수에 **산초가루**花椒粉 huājiāofěn와 고추기름을 넣고 끓인 국물에 파, 마늘, 땅콩가루를 넣은 다음, 데친 소면을 넣어 만드는 쓰촨의 대표 면 요리입니다. 마치 마라탕 국물에 소면을 말아 먹는 느낌입니다.

양춘면 阳春面 yángchūnmiàn

장쑤 요리 계열로 쑤저우, 상하이의 대표 면 요리입니다. 양춘(阳春)은 봄의 따스함, 소박함을 닮은 서정적인 이름인 것 같습니다. 간장 베이스의 소박한 맑은 국물로, 강렬한 마라 국물에 지친 입맛을 달래줍니다.

회면 烩面 huìmiàn

허난(河南)의 회면은 넙적한 국수를 넣고 끓인 면 요리로, 육수는 양고기, 소고기, 닭고기 버전이 있는데, 정통의 양고기 국물 베이스의 회면을 추천합니다.

완탕면 云吞面 yúntūnmiàn

광둥요리인 완탕면은 닭 육수에 옥수수면과 얇은 피로 빚은 새우 혹은 돼지고기 소의 만두를 넣은 국수입니다. 한국인 입맛에 딱 맞고, 무엇보다 해장하기 아주 좋습니다. 구름(云)을 삼키는(吞) 듯한 국수라는 명칭은 완탕면의 부드러운 목 넘김을 표현한 것이 아닐까 짐작해 봅니다.

Track 063

我们都不要香菜。
Wǒmen dōu bú yào xiāngcài.
우리 모두 고수를 원하지 않아요.

'都'는 '모두', '전부'라는 뜻이고, '不'는 '아니다'라는 뜻입니다. 따라서 '都不'는 '모두 ~하지 않다'라는 표현으로, 모든 주체가 **특정 행동을 하지 않거나 어떤 상태에 있지 않음**을 나타낼 때 쓰입니다.

연습해 봅시다 맛 예문

우리는 모두 뜨거운 물을 마시지 않아요.

我们都不喝热水。
Wǒmen dōu bù hē rèshuǐ.

우리는 모두 매운 것을 먹지 않아요.

我们都不吃辣的。
Wǒmen dōu bù chī là de.

우리는 모두 식초를 원하지 않아요.

我们都不要醋。
Wǒmen dōu bú yào cù.

주요 단어

不要 bú yào 필요 없다, 바라지 않다

香菜 xiāngcài 고수

热水 rèshuǐ 뜨거운 물

辣的 là de 매운 것

醋 cù 식초

 면 요리 먹을 때 유용한 맛단어

Track 064

소고기면	牛肉面 niúròumiàn	가늘다	细 xì
(옌지, 지린 지역의) 조선냉면	朝鲜冷面 cháoxiǎn lěngmiàn	넓다	宽 kuān
볶음면	炒面 chǎomiàn	쌀	米 mǐ
시원한 비빔면	凉面 liángmiàn	쌀가루	米粉 mǐfěn
냉면 볶음	炒冷面 chǎo lěngmiàn	파스타	意面 yìmiàn

7 밀가루 면이냐, 쌀가루면이냐

우리는 떡볶이를 선택할 때 밀떡이냐 쌀떡이냐로 고민하죠. 중국의 면 요리를 알기 시작하면 밀떡, 쌀떡의 선택보다 더 복잡한 선택의 괴로움을 겪게 될 겁니다. 지역별 면 요리를 다양하게 맛보다 보면 면의 식감이나 모양이 다른 걸 알게 되고, 급기야 면의 종류를 선택하게 되는 고수의 경지에 오르게 됩니다. 우선 크게 구분해 보면 면 요리 이름에 **미엔**面 miàn 이 있다면 밀가루로 만든 면을 말하고, **미**米 mǐ 나 **펀**粉 fěn 이 들어가면 주로 쌀가루로 만든 면을 말합니다.

밀가루 면

1 **라미엔** 拉面 lāmiàn

©Mark Brandon

한국어 발음으로 '라면'이지만, 인스턴트 라면이 아닌 밀가루 반죽을 손으로 당겨(拉) 뽑아낸 수타면입니다. 우리나라의 '라면'은 편리하게 끓여 먹을 수 있으니 **편리하다**方便 fāngbiàn 를 사용해서 **팡비엔미엔**方便面 fāngbiànmiàn 이라고 합니다. 그밖에 사발면은 **완미엔**碗面 wǎnmiàn, 컵라면은 **뻬이미엔**杯面 bēimiàn 이라고 합니다.

2 **도삭면** 刀削面 dāoxiāomiàn

칼(刀)로 썰어낸(削) 면으로, 칼국수의 일종입니다. 굵기나 너비가 불규칙적인 것이 도삭면의 매력이에요. 도삭면을 먹으려면 '면의 너비'를 선택해야 하는 경우가 있는데, **가늘고**细 xì, **넓은**宽 kuān 정도를 골라야 해요. 식당에 따라 표현의 차이가 있지만, 대략 **극세면**极细面 jíxìmiàn, **중간세면**二细面 èrxìmiàn, **넓은 면**宽面 kuānmiàn, **가장 넓은 면**大宽面 dàkuānmiàn 에서 고르게 되어 있습니다.

3 **량피** 凉皮 liángpí

밀가루 반죽을 찬물에 씻어내듯 밀가루 물을 내고, 접시에 얇게 펼친 후 뜨거운 물 위에 접시째 얹습니다. 이렇게 하면 얇은 막으로 굳는데 이것을 썰어내 국수 형태로 만들어요. 산시(陝西) 지역의 량피인 **산시량피**陝西凉皮 Shǎnxī liángpí 는 고추 기름 베이스 양념을 넣고 차갑게 비빈 비빔면으로, 고수를 가미하면 매콤 향긋한 맛이 일품입니다.

쌀가루면

1 허펀 河粉 héfěn

쌀로 만든 평평하고 넓은 면입니다. 쌀국수의 모양과 질감이 강(河)의 물줄기처럼 길고 흐르는 듯 탱글한 느낌을 연상시킨다는 의미에서 **허펀**이라는 이름을 가지게 되었습니다.

2 미셴 米线 mǐxiàn

얇은 우동면 두께의 쌀면입니다. 주로 윈난, 구이린 지역에서 볼 수 있는 쌀면인데, 윈난에는 **궈챠오미셴**过桥米线 guòqiáo mǐxiàn 이, 구이린에는 **구이린미셴**桂林米线 guìlín mǐxiàn 이 있습니다.

3 미펀 米粉 mǐfěn

우리의 잔치국수 소면의 두께입니다. 미셴과 미펀은 그 이름을 통해 면의 굵기 차이를 짐작할 수 있습니다. 미펀(米粉)의 글자 뜻 그대로는 '쌀가루'이지만, 쌀로 만든 국수를 가리키는 말로 쓰입니다.

4 미피 米皮 mǐpí

북쪽에 **량피**가 있다면, 남쪽엔 **미피**가 있습니다. 량피가 밀가루 반죽을 씻어낸 물을 쓴다면, 미피는 쌀가루 푼 물을 쓴다는 것에 그 차이가 있어요. 만약 미피를 썰어내지 않고, 펼친 위에 고기와 새우를 넣고 말아내면 바로 **창펀**肠粉 chángfěn 이 됩니다. 반투명한 미피 안에 소들이 울퉁불퉁하니 요철을 이루는데, 마치 장(肠)의 모습을 하고 있어, 창펀(肠粉)이라 부른다고 해요. 광둥 지방의 대표 아침 식사 아이템입니다.

● 구이린미펀
●● 창펀

면과 쌀 외에 감자, 고구마로 만든 전분 면을 배놓을 수 없죠.

1 콴펀 宽粉 kuānfěn

넓은 납작 당면입니다. 익히면 투명하고 쫄깃해지죠. 마라탕에 빠질 수 없는 재료입니다.

2 펀하오즈 粉耗子 fěnhàozi

감자와 타피오카 전분으로 만든 면인데, 떡볶이 떡 굵기로 길게 뽑습니다. 뭉툭한 모양이 흰쥐(耗子 hàozi)를 닮아 펀하오즈(粉耗子)가 됐다고 하는데, 개인적으로 흰쥐 느낌은 발견하지 못했습니다.

3 펀쓰 粉丝 fěnsī

얇은(丝) 당면으로, 우리나라 잡채와 비슷한 느낌이지만 잡채보다 더 면이 가늘어요.

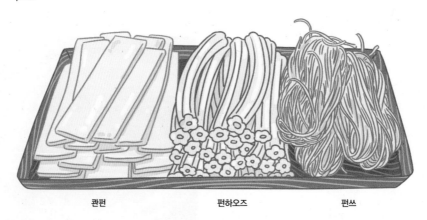

콴펀   펀하오즈   펀쓰

맛있는 한 마디

你吃什么面?
Nǐ chī shénme miàn?
어떤 국수를 먹을래요?

의문대사 '什么'는 '무엇', '무슨'이라는 뜻으로, **구체적인 내용을 특별히 지정해서 물을 때** 사용합니다. 의문문에서 '什么+명사' 형식으로 쓰일 수도 있고, '什么' 단독으로 쓰일 수도 있어요.

연습해 봅시다 맛 예문

무슨 음료수를 마실 거예요?
你喝什么饮料?
Nǐ hē shénme yǐnliào?

우리 어떤 요리를 시킬까요?
我们点什么菜?
Wǒmen diǎn shénme cài?

우리 어떤 술을 주문할까요?
咱们要什么酒?
Zánmen yào shénme jiǔ?

주요 단어

饮料 yǐnliào 음료

咱们 zánmen 우리

酒 jiǔ 술

 메뉴판 볼 때 유용한 **맛단어**

쌀	大米 dàmǐ	보리	大麦 dàmài
좁쌀	小米 xiǎomǐ	밀, 소맥	小麦 xiǎomài
찹쌀	糯米 nuòmǐ	쌀국수 [미펀]	米粉 mǐfěn
옥수수	玉米 yùmǐ	넓은 당면 [콴펀]	宽粉 kuānfěn
수수, 고량	高粱 gāoliang	녹말로 만든 당면 [펀쓰]	粉丝 fěnsī

8 심오한 **야식**의 세계

중국의 대표 야식하면 떠오르는 것은 **샤오카오** 烧烤 shāokǎo, 즉 바베큐입니다. 고기, 야채, 구황작물, 그리고 과일까지 꼬치에 꿰서 굽습니다. 불내음 가득한 샤오카오는 여럿이 함께 먹어도 참 좋지만, 혼자서 좋아하는 꼬치 몇 가지를 골라 주문하고, 맥주 한 병을 곁들이는 것도 단시간 내에 피로를 날려버리는 좋은 방법입니다. 꼬치류 위에 바르는 소스의 맵

꼬치구이

기는 **아주 매움** 特辣 tè là, **중간 매움** 中辣 zhōng là, **약간 매움** 微辣 wēi là으로 선택할 수 있습니다. 뭐가 뭔지 몰라 주문을 못하는 일은 없어야 하니까! 종류별로 정리해 봤습니다.

고기류와 그 부속

양고기	羊肉 yángròu	닭고기	鸡肉 jīròu
소고기	牛肉 niúròu	오겹살	五花肉 wǔhuāròu
닭날개	鸡翅 jīchì	소의 힘줄	牛肉筋 niúròu jīn
소 근육	板筋 bǎnjīn	닭 오돌뼈와 살	骨肉相连 gǔròuxiānglián
양의 콩팥	羊腰子 yáng yāozi	닭똥집	鸡胗 jīzhēn

야채류

가지	茄子 qiézi	부추	韭菜 jiǔcài
감자	土豆 tǔdòu	고구마	红薯 hóngshǔ
팽이버섯	金针菇 jīnzhēngū	옥수수	玉米 yùmǐ
줄기콩	豆角 dòujiǎo	양배추	卷心菜 juǎnxīncài

기타 구울 거리

두부	豆腐 dòufu	어묵	鱼豆腐 yúdòufu
프랑크소시지	香肠 xiāngcháng	떡	年糕 niángāo
굴	生蚝 shēngháo	밀가루 글루텐	面筋 miànjin

你吃不吃夜宵?
Nǐ chī bu chī yèxiāo?
야식 먹을래요?

'동사+不+동사' 형식의 **정반의문문**으로, 어떤 행위를 할 것인지 물을 때 활용할 수 있어요. 예를 들어 '먹을래요?'라고 물어보려고 할 때 의문문을 만들어주는 '吗'를 사용해 '吃吗?'라고 물어볼 수도 있지만, 정반의문문 구조를 활용해 '吃不吃?'라고 해도 됩니다.

연습해 봅시다 맛 예문

냉국수 먹을래요?
你吃不吃凉面?
Nǐ chī bu chī liángmiàn?

밀크티 마실래요?
你喝不喝奶茶?
Nǐ hē bu hē nǎichá?

음악 들을래요?
你听不听音乐?
Nǐ tīng bu tīng yīnyuè?

주요 단어

夜宵 yèxiāo 야식
凉面 liángmiàn 냉국수
奶茶 nǎichá 밀크티
听 tīng 듣다
音乐 yīnyuè 음악

9 엽기적인 먹거리에 도전

그들에게는 익숙하지만 우리에게는 낯선, 그런 음식들이 있습니다. 서양인들이 청국장을 먹었을 때의 충격 정도일까요? 입맛에 맞지 않고 다소 도전적이지만, 큰 성취감을 줄 만한 몇 가지 음식을 소개합니다.

피단 皮蛋 pídàn

닭이나 오리의 알을 석회, 소금을 넣은 진흙으로 감싸고 몇 주 혹은 몇 달간 발효시켜 만듭니다. 발효되는 과정에서 흰자, 노른자가 진한 갈색의 젤리 같은 질감으로 변하는데, 쓴맛이 도는 독특한 식감을 가지게 됩니다. 피단을 잘라 간장이나 고추기름 양념을 올려 먹기도 하고, 피단을 흰죽 위에 올려 **피단죽**皮蛋粥 pídàn zhōu으로 만들어 먹기도 합니다. 또 덩어리 연두부 위에 양념과 같이 올려 **피단두부**皮蛋豆腐 pídàn dòufu로 만들어 먹을 수도 있어요.

취두부 臭豆腐 chòudòufu

소금에 절여 발효시킨 두부로, 코를 강하게 찌르는 듯한 고약한 냄새가 납니다. 발효할 때 검은 콩과 버섯을 넣어 색이 거무튀튀한 것이 비쥬얼도 상당히 강렬합니다. 겉은 바삭하고 속은 촉촉한데, 냄새와는 달리 한입 깨물면 고소한 맛이 느껴집니다. 동시에 쿰쿰하고 역한 냄새가 코를 찌르기 때문에 살짝 코를 막고 맛보시길 추천합니다. 후난성 창사(长沙)의 대표 간식으로, 난징, 대만에서도 유명합니다. 노점에서도 종종 볼 수 있는 아이템인데, 강한 냄새 덕분에 존재감이 확실합니다.

🌸 야슈에펀쓰탕 鸭血粉丝汤 yāxuè fěnsītāng

우리에게는 약간 낯선 오리 피로 만든 **오리 피 당면탕**으로, 난징(南京)의 대표 음식입니다. 굳어진 오리 핏덩이를 잘라 넣고 끓인 탕에 당면을 국수 삼아 넣어 먹는데, 어떤 이는 비릿하다 하고, 어떤 사람은 구수하다고 하며 호불호가 갈립니다. 우리가 소의 피는 선지탕으로, 돼지 피는 순대를 만들어 먹듯이 그 종목을 확장한단 의미에서 도전해 볼 만한 음식입니다.

🌸 뤄쓰펀 螺蛳粉 luósīfěn

광시(广西)의 류저우(柳州)의 대표 음식으로 이름에 **펀粉** fěn이 들어가 있는 것을 통해 루어쓰펀은 **쌀국수**임을 알 수 있습니다. 우렁이와 돼지 뼈로 진한 육수를 끓여내고 발효 콩, 고추기름 등을 넣어 시큼하고 매운맛을 만들어 내는데, 꼬리꼬리하고 시큼한 내가 코를 찔러 잔기침을 유발하기도 합니다. 슈퍼에 가면 레토르트로도 파는데, 집에서 먹을 때는 환기를 시켜가며 만들어야 합니다.

● 야슈에펀쓰탕을 파는 가게
●● 뤄쓰펀

你敢吃臭豆腐吗?

Nǐ gǎn chī chòudòufu ma?
너 취두부 먹을 용기 있어?

'용기 있게 ~하다', '자신 있게 ~하다'라는 뜻의 '敢'은 동사 앞에 쓰여 '용기 있게 ~하다', '자신 있게 ~하다', 감히 ~하다'라는 뜻을 나타냅니다. '敢+동사+吗?'는 특정 행동을 할 용기가 있는지 물어보는 표현이에요.

연습해 봅시다 맛 예문

너 '가장 매운맛'으로 먹을 용기 있어?

你敢吃变态辣吗?

Nǐ gǎn chī biàntài là ma?

너 70도 백주 마실 용기 있어?

你敢喝70度的白酒吗?

Nǐ gǎn hē qīshí dù de báijiǔ ma?

너 돼지 뇌 먹을 용기 있어?

你敢吃猪脑吗?

Nǐ gǎn chī zhūnǎo ma?

주요 단어

臭豆腐 chòudòufu 취두부

变态辣 biàntài là 가장 매운맛

度 dù 도 [온도, 농도 따위의 단위]

白酒 báijiǔ 백주

猪脑 zhūnǎo 돼지의 뇌

PART 6

주제별로
먹어보자

#통으로 즐기는 #특이한 이름 #부속 요리 #이런 것도 먹어봤다

1 씹고 뜯고 맛보고 즐기는 '육류'

소, 돼지, 양, 토끼, 당나귀 그리고 그들의 부속 내장까지, 고기류는 다채로운 먹거리를 제공하죠. 씹고 뜯고 맛보고 즐기는 것에 중국 현지의 생생함을 더한 아이템 몇 가지를 소개합니다.

통으로 즐기기

1 통 양구이 烤全羊 kǎoquányáng

네이멍구 지역의 전통 요리로, 갓 잡은 양이 대자로 뻗은 모습이 조금은 괴기스럽지만, 마을 잔치에 온 기분이 들 만큼 융숭한 대접을 받는 느낌입니다.

2 어린 돼지구이 烤乳猪 kǎorǔzhū

광둥 지역의 요리로, 바삭한 껍질과 부드러운 살코기가 겉바속촉이에요.

특이한 이름의 음식들

1 스즈터우 狮子头 shīzitóu

직역하면 '사자머리'라는 이름을 가져 궁금증을 자아내는 이 요리는 장쑤 지역의 **커다란 돼지고기 완자**입니다. 다진 돼지고기와 야채를 섞어 아기 주먹만 한 크기의 완자로 만들어 튀겨낸 후 간장과 조미료들을 넣어 조려 만드는데, 완자 겉의 울퉁불퉁 고기 요철이 짧은 사자갈귀 같기도 해요.

●카오루주
●●스즈터우

2 쇼우좌양러우 手抓羊肉 shǒuzhuā yángròu

간쑤 지역의 양고기 요리입니다. **손(手)으로 꽉 쥐고(抓) 먹는 양고기**란 뜻의 요리명인데, 양을 각종 약재와 함께 잡내를 없애가며 푹 삶아냅니다. 별다른 양념 없이 뜯어 먹기도 하고, 살점을 뜯어내 볶음밥에 넣어 **쇼우좌양러우판**手抓羊肉饭 shǒuzhuā yángròufàn을 만들어 먹기도 합니다.

3 메이차이커우러우 梅菜扣肉 méicàikòuròu

광둥 지역의 요리로, **돼지 삼겹살 양념 조림** 정도로 해석할 수 있습니다. 돼지 껍질이 붙어 있는 삼겹살을 삶은 후 수육 크기로 잘라 양념에 버무리고, 거기에 볶아낸 **메이차이**梅菜 méicài와 함께 큰 사발에 쌓듯이 담아 증기로 쪄냅니다. 여기서 메이차이(梅菜)는 무우청 느낌의 말린 채소라고 생각하시면 됩니다. 이 큰 사발을 접시 위에 뒤집어 그릇 모양대로 소복이 담아내는데, 그리하여 '그릇을 뒤집은 돼지고기', **메이차이커우러우**가 됐습니다. 여기서 커우(扣)는 '(사발 따위를) 엎어 놓다'라는 뜻입니다.

육류의 부속 요리

1 돼지부속탕 卤煮 lǔzhǔ / **돼지 간 스프** 炒肝儿 chǎogānr

'돼지부속탕'과 '돼지 간 스프'는 베이징의 전통 조식 아이템이라고 할 수 있습니다. **루**(卤)는 **조미료 또는 향신료 국물로 졸여내는** 요리 방식의 하나입니다. 한약 색의 진한 국물에 은근하게 끓여냅니다. 그런데 '돼지 간 스프'의 중국어 이름에 있는 **차오**(炒)는 '볶다'가 아니란 사실! 비주얼을 봐도 밀가루 전분을 넣어 걸쭉한 캐러멜색 국물이라 차오의 기운을 찾아볼 수 없습니다. 여기서의 '차오'는 초기 조리 단계에서 재료를 가볍게 볶거나 튀긴 후 물이나 국물에 넣어 끓이는 방식을 포괄적으로 지칭하여 '조리하다'라는 뜻으로 쓰입니다.

2 내장을 활용한 요리

쓰촨은 부속, 즉 내장을 활용한 요리가 참 많아서 부속 천국이라고 할 수 있습니다. 이 내장들은 훠궈의 재료로도 많이 쓰이죠. **소의 내장**은 '牛杂 niúzá', **돼지 내장**은 '猪杂 zhūzá'라고 합니다. 그밖의 내장을 활용한 요리로는 **오리선지탕** 毛血旺 máoxiěwàng, **돼지 뇌** 猪脑 zhū nǎo, **돼지 대장 볶음** 炒肥肠 chǎo féicháng 이 있습니다.

나, 이것도 먹어봤다!

중국 사람들은 돼지족발(猪蹄), 돼지 얼굴(猪脸), 소꼬리(牛尾), 발굽 뒤 근육(蹄筋)까지 아주 야무지게 요리를 만들었습니다. 아래의 '조리법+재료'로 작명한 요리 이름을 통해 모양과 맛을 짐작해 보세요.

루주티 卤猪蹄 lǔ zhūtí	**홍샤오뉴웨이** 红烧牛尾 hóngshāo niúwěi
홍샤오티진 红烧蹄筋 hóngshāo tíjīn	**홍샤오주렌** 红烧猪脸 hóngshāo zhūliǎn

Track 069

你喜欢吃什么肉?
Nǐ xǐhuan chī shénme ròu?
너는 어떤 고기 먹는 것을 좋아해?

'喜欢'은 '좋아하다', '什么'는 '무엇', '무슨'이란 뜻입니다. '**喜欢+동사+什么+명사?**'라고 써서 상대방에게 구체적으로 어떤 것을 좋아하는지 물을 때 사용할 수 있어요. 예를 들어 '你喜欢吃什么肉?'라고 물으면 육류 내에서 어떤 고기를 좋아하는지를 묻는 표현입니다.

연습해 봅시다 맛 예문

너는 어떤 과일 먹는 것을 좋아해?
你喜欢吃什么水果?
Nǐ xǐhuan chī shénme shuǐguǒ?

너는 어떤 술 마시는 것을 좋아해?
你喜欢喝什么酒?
Nǐ xǐhuan hē shénme jiǔ?

너는 어디에 가는 것을 좋아해?
你喜欢去什么地方?
Nǐ xǐhuan qù shénme dìfang?

주요 단어

肉 ròu 고기
水果 shuǐguǒ 과일
酒 jiǔ 술
去 qù 가다
地方 dìfang 장소, 곳

 메뉴판 볼 때 유용한 **맛단어**

Track 070

목심	牛腩 niúnǎn	미디엄 [스테이크를 50% 익힌 정도]	五成熟 wǔchéngshú
스테이크	牛排 niúpái	미디엄레어 [스테이크를 30% 익힌 정도]	三成熟 sānchéngshú
양갈비	羊排 yángpái	웰던 [스테이크를 80% 익힌 정도]	八成熟 bāchéngshú, 全熟 quánshú
양 다리	羊腿 yángtuǐ		

2 못 먹는 것이 없는 '조류'

#닭 요리 #오리 요리 #기타 부위

중국인들이 먹는 3대 조류로는 **닭, 오리, 거위**가 있습니다. 조금 더 욕심내자면, 비둘기나 메추라기도 있죠. 중국에서 조류 요리가 통째로 나온다고 함은 벼슬 달린 대가리부터 갈퀴가 달린 발까지 온전한 상태인 경우가 많습니다. 시장에 가서 생닭을 살 때도 닭 볏과 닭발이 한 세트로 있는 것을 보게 되는데, 이럴 때 '아 내가 중국에 있구나'라는 생각이 듭니다. 조류 요리 하면 떠오르는 몇 가지 요리를 소개해 볼게요.

닭 요리

1 바이치에지 白切鸡 báiqiējī

대표적인 광둥요리입니다. 아주 단순해요. 닭을 삶아내고 썰어서 양념장에 찍어 먹는 요리입니다. 화려하고 강한 맛들 사이에서 담백하고 깔끔한 존재감이 있습니다. 우리나라의 백숙과 유사하지만 다른 점은 **냉채 요리**라는 것입니다. 닭을 삶기 전과 삶은 후에 얼음물에 헹궈 쫄깃한 식감이 살아 있습니다.

2 라조기 辣椒鸡 làjiāojī

마른 고추와 조각내 튀긴 닭을 함께 볶아 만든 쓰촨의 매운 요리입니다. 붉은 마른 고추들 사이에 있는 닭 조각을 젓가락으로 골라먹는 재미가 있는데, 맥주와 찰떡입니다.

라조기

오리 요리

1 팔보오리 八宝鸭 bābǎoyā

상하이와 쑤저우 일대의 요리로, 내장을 제거한 오리의 배 안에 각종 곡식과 약재를 넣어 쪄낸 보양식입니다. 팔보(八宝)는 여덟 가지 보물이란 뜻이지만, **다양하고 귀한 재료**란 의미로 쓰입니다.

2 맥주오리 啤酒鸭 píjiǔyā

간장 닭볶음탕 느낌으로 만든 다음 맥주를 부어 익혀 만드는 요리입니다. 스치듯 향긋한 보리 냄새가 나기도 해요. 윈난의 구이린 지역에서 유명한 오리 요리로, 구이린의 관광거리를 지나면 '미셴(米线)'과 함께 번쩍이는 네온사인 간판에 자주 그 이름이 등장하는 것을 볼 수 있을 거예요.

기타 부위

중국은 각종 부위의 식재료들이 풍부합니다. 훈제한 각 부위를 늘어놓고 팔기도 하고, 육포 가게에 가면 개별 포장된 오리 혀, 닭발, 오리발을 팝니다. 정확히 먹어보려면 정확한 알아야 하겠죠! 129페이지 '맛단어'에 정리해 두었으니 참고해 주세요.

오리 혀

맛있는 한 마디

Track 071

你想不想吃鸡爪?

Nǐ xiǎng bu xiǎng chī jīzhuǎ?

닭발 먹을래요?

정반의문문에 대해서는 앞서 설명한 바 있죠? '~하고 싶다', '바라다'라는 뜻을 가진 '想'으로 정반의문
문을 만들어 **상대방이 특정 행동을 하고 싶은지** 물어볼 수 있어요.

연습해 봅시다 맛 예문

생맥주 마실래요?

你想不想喝扎啤?

Nǐ xiǎng bu xiǎng hē zhāpí?

야시장 갈래요?

你想不想去夜市?

Nǐ xiǎng bu xiǎng qù yèshì?

오리 목 먹을래요?

你想不想吃鸭脖?

Nǐ xiǎng bu xiǎng chī yā bó?

주요 단어

鸡爪 jīzhuǎ 닭발

扎啤 zhāpí 생맥주

夜市 yèshì 야시장

鸭脖 yā bó 오리 목

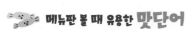 메뉴판 볼 때 유용한 **맛단어**

Track 072

닭 내장	鸡杂 jīzá	거위 물갈퀴	鹅掌 ézhǎng
닭의 모래주머니	鸡胗 jīzhēn	오리 혀	鸭舌 yāshé
닭발	鸡爪 jīzhuǎ, 凤爪 fèngzhǎo	오리발	鸭脚 yājiǎo
닭가슴살	鸡胸 jīxiōng	오리 물갈퀴	鸭掌 yāzhǎng
닭다리	鸡腿 jītuǐ	오리 간	鸭肝 yāgān
오리 창자	鸭肠 yācháng	거위 간, 푸아그라	鹅肝 égān

3 뒤집어 먹지 마세요 '생선류'

중요한 석식 자리에 통역으로 나설 때가 종종 있습니다. 식사 초입 아이스 브레이크 차원에서 식탁에 올려진 음식을 화제로 삼게 되는데, 가장 난감할 때가 생선 요리를 언급할 때입니다. 한쪽에서 음식 소개차 '이 생선은 갈치인데요', '삼치인데요'로 말을 시작하는데, 제가 모든 생선 이름을 중국어로 알 리 만무하고, 누군가 옆에서 '이 생선의 이름이 뭐죠?'라고 물어보는 지경에 이르면, 통역이 꼬이게 됩니다. 생선 이름을 따로 골라 일부러 익히기에는 효율적이지 못할 것이고, 먹게 될 때 하나씩 익혀두는 게 좋습니다. 또 하나 알아둘 것은 격식이 있는 자리에서 생선의 머리는 주빈 쪽으로 향하게 하고, 먹을 땐 생선을 뒤집지 않는 것이 예의입니다. 생선을 뒤집는 것을 배의 전복을 의미하여 불길하다고 여기기 때문입니다. 그리고 생선 요리는 머리와 꼬리가 온전한 형태로 내는 것이 좋은데, 생선의 온전한 모양은 좋은 운과 번영을 상징합니다.

● 마라카오위 麻辣烤鱼 málà kǎoyú

중국엔 **민물고기**河鱼 héyú를 활용한 요리들이 많습니다. **카오위**도 그중 하나입니다. 콩나물, 팽이버섯 등의 야채를 데쳐 넓은 전골 냄비에 펼쳐두고, 그 위에 튀기듯 구어낸 생선을 올립니다. 마라 국물을 자작히 부은 후 끓여 만드는데 여기에 두부를 더하거나 카레 가루를 넣어 풍미를 더합니다. 민물고기를 좋아하지 않는 사람도 마라 양념과 함께 하는 카오위는 한번 맛보면 계속 찾게 될 겁니다.

중국 장시성 포양호 민물 낚시

⊛ 뒤쟈오위터우 剁椒鱼头 duòjiāoyútóu

뒤쟈오위터우

후난의 음식으로 민물고기의 머리 부분을 주재료로 한 생선 양념 찜입니다. 머리가 전체의 3분의 2쯤 되는 대두인데, 뼈 사이사이의 살을 발라 먹는 재미가 있습니다. **뒤쟈오**剁椒 duòjiāo는 잘게 썬 붉은 고추를 말해요. 이 덕에 매운맛이 강합니다. 지나치게 큰 머리 크기에 그렇다면 아래 몸통은 어디에 쓰였는가가 늘 의문입니다.

⊛ 쭈꾸미간장볶음 酱爆八爪鱼 jiàngbào bāzhuǎyú

낙지나 쭈꾸미를 간장소스에 볶아내는 요리입니다. **장바오**酱爆 jiàngbào 는 소스를 넣고 강하게 폭발적으로 볶는다는 뜻입니다. 오징어는 중국어로 **요위**鱿鱼 yóuyú 인데, '한치, 문어, 꼴뚜기, 쭈꾸미, 낙지는 뭐라고 하지?'라는 의문을 가진 적이 있습니다. 검색해 보니 각각을 표현하는 단어가 있거나 같은 단어가 혼용되는 경우도 있지만, 일상에서 일반적으로는 **장위**章鱼 zhāngyú 혹은 **빠좌위**八爪鱼 bāzhuǎyú를 섞어 씁니다.

정리하자면 아래와 같습니다.

- **한치** 鱿鱼 yóuyú 오징어와 구별하지 않고 부르고 있어요.
- **문어/낙지** 章鱼 zhāngyú
- **산 낙지** 活章鱼 huózhāngyú
- **쭈꾸미** 八抓鱼 bāzhuǎyú, 小章鱼 xiǎozhāngyú
- **꼴뚜기** 墨鱼 mòyú

有别的鱼吗?
Yǒu biéde yú ma?
다른 생선 있나요?

'有'는 '있다', '别的'는 '다른 것'이라는 뜻입니다. '有别的……吗?'는 **다른 종류의 물건이나 대안이 있는지** 물어볼 때 사용할 수 있어요.

연습해 봅시다 맛 예문

다른 맥주 있나요?
有别的啤酒吗?
Yǒu biéde píjiǔ ma?

다른 음료 있나요?
有别的饮料吗?
Yǒu biéde yǐnliào ma?

다른 자리 있나요?
有别的位子吗?
Yǒu biéde wèizi ma?

주요 단어

鱼 yú 물고기, 생선
啤酒 píjiǔ 맥주
饮料 yǐnliào 음료
位子 wèizi 자리, 좌석

 메뉴판 볼 때 유용한 **맛단어**

 Track 074

고등어	**青花鱼** qīnghuāyú	조기	**黄花鱼** huánghuāyú
갈치	**带鱼** dàiyú	멸치	**鳀鱼** tíyú
장어	**鳗鱼** mányú	오징어	**鱿鱼** yóuyú
도미	**鲷鱼** diāoyú	연어	**三文鱼** sānwényú

4 환상의 한 끼 '갑각류'

갓잡은 게, 새우, 굴을 아무 양념 없이 쪄서 먹는 것이 제일 신선하고 건강하게 먹는 방법일 텐데요. 그런 의미에서 증기로 해산물을 쪄내는 '蒸汽海鮮 zhēngqì hǎixiān'이 최고입니다. 먼저 큰 솥에 쌀과 물을 자작하게 붓고, 그 위에 스틸 채반을 올립니다. 채반 위에 해산물을 넣고 물이 끓으며 올라오는 증기로 익혀 먹습니다. 다 먹고 나면 채반 아래쪽의 쌀은 해산물 엑기스로 끓여진 죽이 됩니다. 해산물로 시작해서 죽으로 마무리하는 환상의 한 끼가 되는 거죠!

중국에서 해산물 가게에 가면 게, 새우, 조개, 굴류를 직접 고른 후 요리법까지 선택해야 하는 경우가 있습니다. 보통은 근(斤)으로 팔고 가격도 한 근에 얼마인지가 표시되어 있는데, 같이 온 인원이 먹으려면 어느 정도 양이 적당한지 물어보고, 양을 조절해서 사야합니다. 세 명이면 몇 근이 적당하고, 몇 근이면 개수로는 몇 개인지 물어보며 셈을 해야 예산을 고려해서 사 먹을 수 있습니다.

- 저희 네 명인데, 추천해 주세요. 뭘 먹어야 하죠?

  我们四个人，您推荐一下，吃什么好？

  Wǒmen sì ge rén, nín tuījiàn yíxià, chī shénme hǎo?

- 새우 두 근은 칭쩡으로, 조개 한 근은 맵게 볶아주세요.

  要两斤虾，清蒸，一斤蛤蜊，辣炒。

  Yào liǎng jīn xiā, qīngzhēng, yì jīn gélí, làchǎo.

- 여기에 굴 10개는 마늘 양념해 주세요.

  再来10个生蚝，做成蒜蓉。

  Zài lái shí ge shēngháo, zuò chéng suànróng.

찌는 것 외에 적용 가능한 몇 가지 조리법을 소개합니다.

1 쏸룽 蒜蓉 suànróng

다진 마늘을 기름에 볶아 올리는 것을 말해요. 한국인의 영혼의 식재료 마늘을 넣는다면 뭔들 맛없겠냐만은 기름에 볶아 더욱 향긋한 마늘 맛이 풍미를 더해 실패가 없는 방법입니다. 대표적으로 **마늘전복찜**蒜蓉蒸鲍鱼 suànróng zhēng bàoyú이 있습니다.

2 차오 炒 chǎo

볶음 요리를 말합니다. 굴소스, 간장 등을 가미하고 채소를 넣어 함께 볶아냅니다. **매운 맛조개 볶음**辣炒蛏子 làchǎo chēngzi, **조개볶음**爆炒花甲 bàochǎo huājiǎ, **소라 볶음** 爆炒海螺肉 bàochǎo hǎiluó ròu, **매운 백합 조개 볶음**辣炒花蛤 làchǎo huāgé이 있습니다.

3 량반 凉拌 liángbàn

냉채, 초무침을 말해요. 예를 들어 **쪽파 백합 조개 무침** 小葱拌花蛤 xiǎocōng bàn huāgé 이 있습니다.

4 비펑탕 避风塘 bìfēngtáng

홍콩식 조리법입니다. 보통은 새우에 대량의 다진 마늘, 칠리, 소금, 설탕을 넣고 강한 불에 빠르게 볶아냅니다. 바삭한 마늘 튀김이 새우 위에 수북이 올라가는데, 칠리 향과 더해져 매콤 바삭한 맛을 냅니다. **비펑탕 스타일 새우볶음**避风塘炒虾 bìfēngtáng chǎoxiā이 대표 요리입니다. 비펑탕(避风塘)은 '바람을 피하는 방파제, 항구'란 뜻인데요. 홍콩에서 어민들이 태풍을 피해 이 천연 피난처로 모여 해산물 요리를 해 먹으며 그 시간을 즐겼는데, 이때 비펑탕 스타일의 요리가 탄생했습니다.

5 칭쩡 清蒸 qīngzhēng

별다른 양념을 하지 않고, 그대로 쪄내는 방식을 말합니다. 재료 본연의 맛을 그대로 즐길 수 있겠죠? 예를 들면, **굴찜**清蒸生蚝 qīngzhēng shēngháo, **전복찜**清蒸鲍鱼 qīngzhēng bàoyú가 있습니다. 그리고 덤으로! 끓는 물에 익힌 각종 해산물들을 간장 양념에 담가 양념이 스며들게 한 후 건져 먹는 **라오즈샤오하이셴**捞汁小海鲜 lāozhī xiǎo hǎixiān도 요즘 유행한다는데, 중국 음식의 진화는 정말이지 무궁무진합니다.

螃蟹好吃吗?
Pángxiè hǎochī ma?
게가 맛있어요?

'먹는 것이 맛있다'는 '**好吃**'라고 표현하고, 맛있는지 물을 때는 문장 끝에 '**吗**'를 붙여서 '**好吃吗?**'라고 합니다. '마시는 것이 맛있다'라고 말하고 싶을 때는 '**好喝**'라고 표현해요.

연습해 봅시다 맛 예문

찐 것이 맛있어요?
清蒸的好吃吗?
Qīngzhēng de hǎochī ma?

이 스프 맛있어요?
这个汤好喝吗?
Zhège tāng hǎohē ma?

안 매운 거 맛있나요?
不辣的好吃吗?
Bú là de hǎochī ma?

주요 단어

螃蟹 pángxiè 게
清蒸 qīngzhēng 조미료를 넣지 않고 찌다
这个 zhège 이, 이것
汤 tāng 탕, 국, 스프
不辣的 bú là de 맵지 않은 것

 메뉴판 볼 때 유용한 **맛단어**

Track 076

맵게 볶은	辣炒 làchǎo	피파 새우	琵琶虾 pípáxiā
맛조개	蛏子 chēngzi	굴	生蚝 shēngháo
조개	花甲 huājiǎ	꽃게	花蟹 huāxiè
바지락 [백합과의 조개]	花蛤 huāgé	대게	皇后蟹 huánghòuxiè
전복	鲍鱼 bàoyú	홍합	海虹 hǎihóng

#만터우 #빠오즈 #쟈오즈 #광둥식 딤섬 5대장

5 이렇게나 다양한 '만두류'

중국의 **만터우**馒头 mántou는 발효된 밀가루 반죽을 쪄서 만든 것으로, 안에 아무것도 들어 있지 않습니다. 처음에는 우리가 흔히 먹는 만두라 생각하고 집어들 었다가 밀가루빵임을 깨닫고 당황할 수 있어요. 북방지역에서는 이 만터우에 **짜차이**榨菜 zhàcài를 곁들여 아침 식사로 자주 이용합니다.

텐진 고우부리빠오즈

소馅儿 xiànr가 들어 있는 찐빵 모양의 만 두는 **빠오즈**包子 bāozi라 하는데, **고우부리빠오 즈**狗不理包子 gǒubùlǐ bāozi라는 가게가 유명합니다. 텐진(天津)의 대표 음식인데요. 텐진은 베이징 에서 기차로 20~30분 거리에 있습니다. 돼지고 기와 야채를 섞어 넣은 소를 넣은 복주머니 형태 의 만두인데, 만두피가 두꺼운 편입니다. 고우부 리빠오즈의 기원은 텐진의 한 만두집이 맛이 좋 아 늘 사람으로 붐볐는데, 주인장은 더 맛있는 만 두를 위해 연구에 몰두하기 시작했다 합니다. 손 님이 불러도 대답이 없고, 가게 앞을 지나는 개에 게조차 관심이 없었다고 해요. 그리하여 **개(狗)도 무시하는(不理) 만두**라는 이름이 붙여졌습니다.

우리가 말하는 한국식 만두는 **쟈오즈**饺子 jiǎozi, 즉 교자라고 해요. 중국인들 에게 교자는 입춘, 입하, 입동 등 절기를 넘길 때나 새해를 맞을 때, 그리고 멀리서 온 손님을 맞이할 때도 내놓는 일상의 특별한 음식입니다. 우리의 교자는 돼지고기 에 야채, 두부를 섞어 소를 만드는 것이 기본이고 김치만두, 고기만두 정도의 옵션이 있겠으나, 중국은 고기에 야채, 새우, 달걀까지 좀 더 그 종류가 다양합니다. 제가 직접 먹어보고 정한 최애 소(馅儿) 세 가지는 바로 **부추돼지고기**韭菜猪肉 jiǔcài zhūròu, **돼지고기배추**猪肉白菜 zhūròu báicài, 돼지고기와 새우, 달걀, 부추가 들어간 **러우싼시엔**肉三鲜ròusānxiān입니다.

만두, 교자 모음의 집합체는 **광둥식 딤섬**이죠. 둥근 나무 찜기에 서너 개씩 담아 나오는 만두류는 예쁘기도 하고 느긋한 아점을 즐기기에도 좋습니다. 딤섬을 주문할 때는 우선 몇 명인지, 인당 몇 개를 먹을 수 있겠는지를 정합니다. 종목은 돼지, 새우, 닭, 야채 등 재료가 겹치지 않게 정하고, 한 찜기 안에 몇 개씩 들었는지도 확인하면 적당히 주문하여 남김없이 먹을 수 있습니다.

주문하면 실패 없는 광둥식 딤섬 메뉴 5대장을 소개합니다.

1 새우 교자 虾饺 xiājiǎo
얇고 투명한 피에 새우를 넣어 만든 교자입니다. 부드러우면서 쫄깃한 식감이에요.

2 샤오마이 烧卖 shāomài
새우살, 게살을 넣기도 하고, 돼지고기를 넣기도 하는데, 벌어진 복주머니에 담은 듯한 형상입니다.

3 창펀 肠粉 chángfěn
쌀로 만든 얇은 피에 새우, 소고기, 돼지고기, 때로는 야채를 넣고 감싸듯 덮어 만 것입니다. 소고기를 넣으면 **뉴러우창펀**牛肉肠粉 niúròu chángfěn 이 되고, 돼지고기 살코기가 들어가면 **쇼우러우창펀**瘦肉肠粉 shòuròu chángfěn 이 됩니다.

4 홍미샤창 红米虾肠 hóngmǐ xiācháng
적색 쌀가루로 만든 피에 튀긴 새우를 넣어 김밥 느낌으로 말아냅니다. 고소하고 바삭한 식감입니다.

5 차샤오빠오 叉烧包 chā shāo bāo
달콤하고 짭짤한 양념 돼지고기를 넣은 폭신한 찐빵으로, 달달짭짤 정말 맛있습니다.

我要两个包子。
Wǒ yào liǎng ge bāozi.
빠오즈 두 개 주세요.

중국어에서는 보통 수사가 명사를 단독으로 수식할 수 없고, **수사와 명사 사이에는 반드시 양사를 넣어야 합니다.** 그리고 명사는 저마다 특정한 양사가 있어서 해당 명사에 어떤 양사가 쓰이는지 잘 알아두어야 해요. '个'는 사람, 사물, 단체 등을 가리키는 명사 앞에 쓰여 사용 범위가 넓은 양사입니다.

연습해 봅시다 맛 예문

쟈오즈 한 근 주세요.
我要一斤饺子。
Wǒ yào yì jīn jiǎozi.

샤오마이 한 바구니 주세요.
我要一屉烧卖。
Wǒ yào yí tì shāomài.

새우 교자 일 인분 주세요.
我要一份虾饺。
Wǒ yào yí fèn xiājiǎo.

주요 단어

要 yào 필요하다, 원하다
两 liǎng 2, 둘
包子 bāozi (소가 든) 찐빵 모양의 만두, 빠오즈
斤 jīn 근, 무게의 단위 [=500g]
饺子 jiǎozi 교자, 쟈오즈
屉 tì 납작한 그릇 [시루, 찜통 등]
烧卖 shāomài 샤오마이
份 fèn 한 벌, 세트
虾饺 xiājiǎo 새우 교자

 메뉴판 볼 때 유용한 **맛단어**

Track 078

부추	韭菜 jiǔcài	차샤오빠오	叉烧包 chāshāobāo
창펀	肠粉 chángfěn	리우샤빠오 [찐빵의 일종]	流沙包 liúshābāo
훙미샤창	红米虾肠 hóngmǐ xiācháng		

4 중국인의 아침을 책임지는 '전병류'

빙(饼)은 밀가루나, 쌀가루 물을 얇게 부쳐내 야채, 고기 등을 넣어 둘둘 말거나, 반죽물에 함께 넣어 부치는 형태의 음식을 총칭합니다. 둘둘 말아먹는 것을 강조하면 **쥐엔빙**卷饼 juǎnbǐng 이 되고요, 납작하게 구워내면 **빙**饼 bǐng 입니다.

중국 사람들은 아침을 주로 사 먹습니다. 아침 출근길, 등교길에 노점에서 파는 만두, 옥수수, 요우탸오(油条) 그리고 계란 야채 전병에 죽이나 두유를 곁들여 먹어요. 너른 철판에 밀가루 반죽물을 얇게 펴내고 계란 하나를 터트려 넣는데, 현란한 손기술에 한참을 쳐다보게 됩니다. 중국인 친구들이 일반적으로 추천하는 몇 가지 전병류를 정리해 봅니다.

요우탸오

🌸 젠빙궈즈 煎饼馃子 jiānbǐng guǒzi

톈진 사람들의 아침 식사입니다. 녹두 부침 위에 계란을 부어 굽다가, 유과(바삭하게 튀긴 빵)를 올리고 접습니다. 접히는 면에 추가로 달콤한 톈몐장, 설탕, 고추기름, 간장, 굴소스 등을 섞은 붉은 양념을 가미합니다.

139

총요우빙 葱油饼 cōngyóubǐng

산둥의 대표 전병으로, **중국식 팬케이크**라고 생각하시면 됩니다. 반죽에 쪽파를 넣고 기름을 발라가며 펼치고 여러 겹으로 겹치길 반복하다가 얇게 펴서 바싹 구워냅니다. 이 과정에서 파의 향이 반죽 속으로 스며들어 짭짤하고 향긋한 맛을 더합니다.

쇼우좌빙 手抓饼 shǒuzhuābǐng

손으로 뜯어 먹는 대만식 전병입니다. **총요우빙의 페스트리 버전**이라고 생각하시면 될 것 같습니다. 파를 넣은 반죽을 여러 번 치대고 겹겹이 둘러 구워내는데, 종이처럼 얇고 겉은 바삭하며 안은 촉촉합니다.

낭 馕 náng

신장(新疆) 지역의 전통 빵을 말합니다. 밀가루에 소금과 물을 넣고 반죽한 뒤 발효시킵니다. 고온의 화덕 벽에 붙여 바싹 구워내는데요. 그냥 먹어도 맛있고, 죽이나 스프에 찍어 먹어도 좋습니다.

상하이의 총요우빙 가게

要加辣酱吗?

Yào jiā làjiàng ma?

매운 소스 추가하시겠어요?

'要'는 '필요하다', '원하다'라는 뜻입니다. '要……吗?' 사이에 음식이나 조미료, 소스 등을 넣어 **해당 음** **식이 필요한지 묻는** 간단한 질문 표현을 만들 수 있습니다.

연습해 봅시다 맛 예문

고수 넣어 드릴까요?

要放香菜吗?

Yào fàng xiāngcài ma?

식초 넣어 드릴까요?

要加醋吗?

Yào jiā cù ma?

얼음을 넣어 드릴까요?

要加冰吗?

Yào jiā bīng ma?

주요 단어

加 jiā 넣다, 첨가하다

辣酱 làjiàng 매운 소스

放 fàng (집어) 넣다, 섞다

香菜 xiāngcài 고수

醋 cù 식초

冰 bīng 얼음

 메뉴판 볼 때 유용한 맛단어

  Track 080

시엔빙 [파이]	馅饼 xiànbǐng	총요우빙	葱油饼 cōngyóubǐng
달걀 전병	鸡蛋饼 jīdànbǐng	쇼우좌빙 [중국식 토스트]	手抓饼 shǒuzhuābǐng
젠빙	煎饼 jiānbing	낭 [구운 빵의 일종]	馕 náng

7 다 같은 알이 아니에요 '알류'

알은 참 효용 높은 식재료입니다. 그대로 삶아 먹기도 하고, 찌거나 볶아 먹기도 쉽죠. 먼저 종목은 알고 먹어야 하니 각 알들의 이름을 알아봅시다. **달걀**鸡蛋 jīdàn, **오리알**鸭蛋 yādàn, **거위알**鹅蛋 édàn, **메추리알**鹌鹑蛋 ānchúndàn이 대표적인 알입니다. 각 알들의 중국어 이름을 기억해 두자고요! 음식 이름에 단(蛋)이 들어간다고 해서 모두 계란 요리로 생각하고 주문하면 놀라실 수 있습니다.

차계란 茶鸡蛋 chájīdàn / 茶叶蛋 cháyédàn

달걀을 삶고 껍질에 금을 낸 후 다시 향신료와 함께 찻잎이 들어간 물에 넣어 끓입니다. 껍질 틈새에 양념이 배어들어 짭짤하면서도 은근한 차향이 느껴집니다. 길거리 분식 혹은 아침의 조식으로 사 먹을 수도 있고, 집에서 해 먹기도 합니다.

피단 살코기 죽 皮蛋瘦肉粥 pídàn shòuròuzhōu

피단(皮蛋)은 석회, 진흙으로 감싸 발효시켜 만드는데, 달걀, 오리알 모두 가능합니다. 발효되면서 흰자는 투명한 진갈색 젤리로, 노른자는 검은색과 노란색의 그라데이션으로 변해요. 맛이 오묘해서 호불호가 있습니다. 피단과 살코기(瘦肉)를 넣고 끓인 죽에 고수까지 뿌리면, 중국에 있음이 확 실감납니다.

소금에 절인 오리알 咸鸭蛋 xiányādàn

잘 세척한 오리알을 유리병에 넣고, 끓인 소금물을 식혀 부어 20일 정도 두면, 숙성 과정에서 계란의 흰자는 짭짤하고 탄력 있게 되고, 노른자는 부드럽고 기름지게 됩니다. 반숙의 느낌도 납니다.

차계란

142

来一个茶叶蛋。
Lái yí ge cháyèdàn.
차계란 하나 주세요.

'来'는 '~주세요'라는 표현으로, 음식을 주문할 때 '**来+수사+양사+명사**'라는 표현으로 어떤 음식을 몇 개 원하는지 말할 수 있습니다.

연습해 봅시다 맛 예문

맥주 두 병 주세요.
来两瓶啤酒。
Lái liǎng píng píjiǔ.

샤오롱바오 한 바구니 주세요.
来一屉小笼包。
Lái yí tì xiǎolóngbāo.

계란볶음밥 일 인분 주세요.
来一份蛋炒饭。
Lái yí fèn dànchǎofàn.

주요 단어

茶叶蛋 cháyèdàn 차계란
瓶 píng 병
小笼包 xiǎolóngbāo 샤오롱바오
蛋炒饭 dànchǎofàn 계란볶음밥

 메뉴판 볼 때 유용한 **맛단어**

Track 082

계란	鸡蛋 jīdàn	메추리알	鹌鹑蛋 ānchúndàn
피단	皮蛋 pídàn	스크램블드에그	炒鸡蛋 chǎojīdàn
오리알	鸭蛋 yādàn	계란프라이	煎鸡蛋 jiān jīdàn
거위알	鹅蛋 édàn	피단 살코기 죽	皮蛋瘦肉粥 pídànshòuròuzhōu

8 아는 만큼 보여요 '두부류'

중국 두부의 세계를 아시나요? 우리가 보통 나누는 부침용, 찌개용, 연두부, 순두부 정도가 아닙니다. 응고의 정도에 따라, 모양에 따라, 또 가공 방식에 따라 세분화할 만큼 중국인은 두부에 무척 진심입니다. 저도 두부를 열심히 연구해서 분류해 봤습니다. 아는 만큼 보인다고 하죠. 그저 두부 모양이나 부드러운 정도가 다른 줄만 알았는데, 만들어진 방법에 따라 얼마나 다양하게 분류되는지 알게 되었답니다.

응고 정도에 따라

베이더우푸北豆腐 běidòufu · **난더우푸**南豆腐 nándòufu
베이더우푸는 수분이 적어서 부침용, 찌개용에 적합한 일반적인 경두부이고, **난더우푸**는 부드럽고 수분 함량이 높은 연두부입니다. 순두부에 가깝게 더 부드러운 **더우화**豆花 dòuhuā 도 있습니다. 간장, 고추기름과 같은 매콤짭짤한 소스를 뿌려 먹거나, 땅콩가루, 흑설탕을 뿌려 달달하게도 먹는 중국 전통 간식입니다.

떠내느냐, 압축하느냐에 따라

푸주腐竹 fǔzhú · **치엔장**千张 qiānzhang
푸주는 콩을 끓일 때 표면에 형성되는 얇은 막을 포를 떠내듯 건진 후 말려 만드는데, 건조되면서 바삭 쫄깃한 질감이 됩니다. 요리할 땐 물에 불려 부드럽게 만든 후 사용해요. **치엔장**은 콩 물을 두부 틀에 얇게 펼쳐두고 압축해서 만들어요. 두부를

● 더우화
●● 량반푸주

얇게 포를 떠서 바짝 말린 느낌이어서 **건두부**干豆腐 gāndòufu 라고 하기도 합니다. 얇게 채를 썰어내면 **더우푸쓰**豆腐丝 dòufusī가 되고요.

더우푸루豆腐乳 dòufurǔ · **취두부**臭豆腐 chòudòufu ·
마오더우푸毛豆腐 máodòufu

더우푸루는 두부를 소금에 절여 발효시킨 건데, 크림치
즈처럼 찐득하니 부드럽게 으깨집니다. 두부 젓갈이라
표현하는 것이 적절할 것 같습니다. **취두부**는 향신료
를 넣은 소금물에 절여 발효시키는데, 코를 강하게
찌르는 듯한 고약한 냄새가 납니다. 주로 튀겨 먹습
니다. **마오더우푸**는 이름처럼 털(毛)이 붙어 있는 듯한
발효 두부인데요. 일반적인 두부를 깍둑썰기해서 볏짚에
올려 덮어두면, 하얀 곰팡이가 소복하게 쌓여 만들어집니다.

얼린 두부류

동더우푸冻豆腐 dòngdòufu가 있습니다. '언두부'라고 생각하시면 됩니다. 두부를 깍둑
썰기한 후 물기를 최대한 제거하고 얼렸다가 자연해동 하거나 찬물에 담가 해동시키
면 공기층이 얼기설기 생긴 폭신한 두부가 되는데요. 쫄깃한 식감을 가지게 됩니다.

튀긴 두부류

튀긴 두부炸豆腐 zhá dòufu, **튀긴 유부**炸豆泡 zhá dòu pào가 있습니다.

맛있는 한 마디

你一定要尝尝。
Nǐ yídìng yào chángchang.
꼭 맛봐야 해요.

'一定'은 '반드시', '꼭'이라는 뜻입니다. '一定要'는 **반드시 무엇을 해야 한다**라는 표현으로, **강조나 권유**를 나타내요.

연습해 봅시다 맛 예문

꼭 한번 가 보세요.
你一定要去看看。
Nǐ yídìng yào qù kànkan.

꼭 한번 시도해 보세요.
你一定要试一试。
Nǐ yídìng yào shì yi shì.

꼭 오세요.
你一定要来。
Nǐ yídìng yào lái.

주요 단어

尝尝 chángchang 맛보다

去 qù 가다

看看 kànkan 보다

试一试 shì yi shì 한번 해보다

来 lái 오다

 메뉴판 볼 때 유용한 맛단어

언두부	冻豆腐 dòngdòufu	두부를 잘게 체 친 것	豆腐丝 dòufusī
푸주	腐竹 fǔzhú	두부 튀김	炸豆腐 zhá dòufu
말린 두부	豆腐干 dòufugān	삭힌 두부 [더우푸루]	豆腐乳 dòufurǔ
두부피	豆腐皮 dòufupí	털 두부 [마오더우푸]	毛豆腐 máodòufu

9 다채로운 요리 방법의 '채소류'

중국 현지 식당에서 비교적 격식을 갖추어 주문하는 경우에는 주로 차갑게 묻혀내거나, 초절임류 또는 양념장을 끼얹듯 얹어낸 음식류인 **량차이**凉菜 liángcài 로 시작합니다. 그다음 고기, 해산물, 익힌 채소류를 포함하는 **러차이**热菜 rècài, 이어서 주식을 시켜요. 주식은 쌀 혹은 밀가루 음식으로 밥, 면, 만두류가 있습니다. 이중에 채소는 주로 량차이의 재료로 많이 쓰입니다.

☀ 치에즈 茄子 qiézi

'치에즈'는 우리말로 '가지'입니다. 정말이지 중국만큼 다채로운 가지 요리가 많은 나라는 없을 겁니다. 굽고, 찌고, 튀기거나 사용하는 양념도 매우 다양해요. **위샹치에즈**鱼香茄子 yúxiāng qiézi 와 볶은 다진 마늘을 넣고 구운 **쑤니치에즈**蒜泥茄子 suànní qiézi 는 한국인의 입맛에 찰떡입니다.

☀ 황과 黄瓜 huángguā

'황과'는 우리말로 '오이'입니다. 청량한 맛을 주는 대표 채소죠. 오이 하면 즉시 **파이황과**拍黄瓜 pāi huángguā 가 떠오릅니다. 오이초무침을 말하는데 오이를 칼등으로 내려쳐서 일정하지 않은 크기로 잘라내는 것이 포인트입니다. 기름진 음식이나 고기류를 먹을 때 피클 느낌으로 입안을 개운하게 해줍니다.

☀ 더우쟈오 豆角 dòujiāo

깐비엔더우쟈오干煸豆角 gānbiān dòujiǎo 는 바삭한 줄기콩 볶음입니다. 깐비엔(干煸)은 재료를 건조하고 바삭하게 볶는 요리법을 말해요. 이 방식은 특히 쓰촨요리에서 자주 볼 수 있으며, 강한 열과 적은 양의 기름을 사용하여 재료의 수분을 대부분 제거함으로써 재료가 바삭하게 됩니다.

깐비엔더우쟈오

147

🌀 쿠과 苦瓜 kǔguā

이름 그대로 쌉쌀한 채소죠. 우리말로는 '여주'라고 합니다. 여주를 차갑게 비벼 먹는 **량반쿠과** 凉拌苦瓜 liángbàn kǔguā, 여주와 계란을 함께 볶는 **쿠과차오지단** 苦瓜炒鸡蛋 kǔguā chǎojīdàn 으로 만들어 먹습니다.

🌀 요우차이 油菜 yóucài

우리에게는 '청경채'라는 이름으로 익숙한 채소로, 볶음 채소 요리에 자주 쓰입니다. 표고버섯과 함께 볶아낸 **샹구요우차이** 香菇油菜 xiānggū yóucài 가 맛있습니다. 그런데 청경채는 북쪽과 남쪽의 명칭에 차이가 좀 있습니다. 베이징 지역에서는 요우차이(油菜), 상하이 등의 지역에서는 칭차이(青菜)라고 불립니다. 베이징에도 칭차이(青菜)라는 표현이 있는데, 주로 녹색 채소류를 통칭하는 표현입니다.

🌀 샹차이 香菜 xiāngcài

화장품 향 같기도 하고 오묘한 향이 나는 채소로, 우리는 '고수'라고 부르죠. 낯설고 독특한 향으로 비교하자면, 우리나라의 깻잎이 외국인들에게 비슷한 느낌을 줄 것 같습니다. 고수는 중국에서 음식의 고명으로 참 많이 쓰여요. 특히 뜨거운 죽에 올리면 맛이 더 진해지면서 고소한 맛이 나기도 하는데, 호불호가 분명한 채소입니다. 좋아하는 사람은 별도로 더 달라고 해서 그릇에 잔뜩 쌓고 먹기도 하지만, 싫어하는 사람은 주문 전에 고수가 들어가는지 확인하고 빼달라고 말하기도 합니다.

 알아두면 유용한 채소의 조리법

- **칭차오** 清炒 qīngchǎo 소금, 후추 외에 별다른 것을 섞지 않고 한 가지 재료만을 기름에 간단히 볶아내는 것을 말합니다.
- **쏸롱** 蒜蓉 suànróng 볶은 다진 마늘이 들어간 것으로, 한국인의 입맛에 취저입니다.
- **하오요우** 耗油 hàoyóu 굴소스를 이용하여 양념합니다.
- **바이줘** 白灼 báizhuó 물에 살짝 데치는 방식입니다.

Track 085

多吃点儿蔬菜。
Duō chī diǎnr shūcài.
채소를 좀 더 많이 먹어요.

'多'는 '(수량이) 많다'라는 뜻입니다. '点儿'은 '조금'이라는 뜻의 수량사로, '一点儿'에서 '一'가 생략된 것입니다. '**多＋吃＋点儿＋명사**'는 어떤 음식(명사)을 좀 더 많이 먹으라고 권유할 때 쓸 수 있어요.

연습해 봅시다 맛 예문

뜨거운 물을 더 많이 마셔요.
多喝点儿热水。
Duō hē diǎnr rèshuǐ.

과일을 더 많이 사세요.
多买点儿水果。
Duō mǎi diǎnr shuǐguǒ.

고추를 좀 더 많이 넣으세요.
多放点儿辣椒。
Duō fàng diǎnr làjiāo.

주요 단어

蔬菜 shūcài 채소
热水 rèshuǐ 뜨거운 물
买 mǎi 사다
水果 shuǐguǒ 과일
辣椒 làjiāo 고추

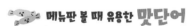 메뉴판 볼 때 유용한 **맛단어**

Track 086

호박	南瓜 nánguā	브로콜리	西兰花 xīlánhuā
수박	西瓜 xīguā	시금치	菠菜 bōcài
고구마	地瓜 dìguā	콩나물	豆芽 dòuyá
수세미	丝瓜 sīguā	상추	生菜 shēngcài
동과 [박과의 덩굴성 식물]	冬瓜 dōngguā	당근	胡萝卜 húluóbo

8 마음 놓고 즐기는 달콤함 '과일류'

중국은 냉대와 온대, 열대 기후대를 다 가지고 있는 덕에 각종 과일이 풍부한 나라입니다. 한국에선 수입 과일이라 사 먹기 부담스러운 망고도 1일 1망고 할 수 있고, 중국음식점에 갔을 때 후식으로나 한두 개 맛볼 수 있는 냉동 리치도 주렁주렁 포도송이처럼 들고 먹을 수 있습니다.

또 중국에서는 축복의 의미로 과일을 선물할 수 있습니다. 만약 12월 24일 **크리스마스 이브**平安夜 píngān'yè에 중국에 있다면, 지인들에게 **사과**苹果 píngguǒ를 선물해 보세요. '핑안예'의 '平 píng'과 '핑궈'의 '苹 píng' 발음이 같은 데에서 차용하여 생긴 이벤트인데, 이날엔 특별한 포장을 한 사과를 팔기도 합니다.

🕐 납작복숭아 蟠桃 pántáo

아기 주먹만 한 복숭아의 중간을 위아래로 눌러 찌그러트린 모양의 복숭아입니다. 손에 잡고 먹기도 좋아, 서너 개는 금방 순삭입니다. 매년 4월 초부터 5월 초에 베이징 외각의 복숭아 산지 핑구(平谷)에서는 **베이징 핑구 국제 복숭아꽃 축제**가 열리는데 시간이 맞다면 가 보시길 추천합니다.

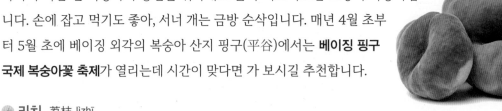

납작복숭아

🕐 리치 荔枝 lìzhī

리치

한국 중식당, 그것도 고급 중식당에나 가야 후식으로 두 알쯤 나오는 것이 바로 냉동 리치잖아요. 그런데 중국에서는 가지째 주렁주렁 달린 생과일로 만날 수 있습니다. 4월 말부터 7월 초까지가 제철인 리치는 선홍색의 강렬한 겉껍질과 새콤달콤 우윳빛 과육이 매력적인 과일입니다. 양귀비가 무척 즐겨 먹었던 미인의 과일이기도 합니다.

홍콩의 과일 시장

🌸 용안 龙眼 lóngyǎn

이름도 신비로운 과일 '용의 눈' 용안. 갈색의 껍질 속에 리치
보단 딱딱한 느낌의 과육이 들어 있고, 그 중간엔 짙은 갈색의
씨앗이 있는데요. 정말 용의 눈 같습니다.

용안

🌸 용과 火龙果 huǒlóngguǒ

용과

하얗거나 혹은 진한 핑크빛 과육에 까만 점
이 촘촘히 박힌 열대 과일입니다. 껍질이 활
활 타오르는 불꽃을 닮아 불타는 용(火龙)이
맞구나 싶은데요. 생각보다 맹맹한 맛에 당
황스럽지만, 은은한 새콤함이 매력적이기도
합니다.

荔枝非常新鲜。

Lìzhī fēicháng xīnxiān.

리치가 매우 신선해요.

'非常'은 '대단히'라는 뜻으로 주관적인 정도를 나타내는 부사입니다. 술어 앞에 놓여서 어떤 것이 **매우 ~하다**라는 뜻을 나타냅니다.

연습해 봅시다 **맛 예문**

이 수박은 아주 달아요.

这个西瓜非常甜。

Zhège xīguā fēicháng tián.

이 종류의 사과는 아주 아삭아삭해요.

这种苹果非常脆。

Zhè zhǒng píngguǒ fēicháng cuì.

망고가 아주 싸요.

芒果非常便宜。

Mángguǒ fēicháng piányi.

주요 단어

荔枝 lìzhī 리치

新鲜 xīnxiān 신선하다

西瓜 xīguā 수박

甜 tián 달다

种 zhǒng 종, 품종

苹果 píngguǒ 사과

脆 cuì 바삭바삭하다, 사각사각하다

芒果 mángguǒ 망고

便宜 piányi (값이) 싸다

 메뉴판 볼 때 유용한 **맛단어**

  Track 088

배	梨 lí	바나나	香蕉 xiāngjiāo
딸기	草莓 cǎoméi	키위	猕猴桃 míhóutáo
오렌지	橙子 chéngzi	레몬	柠檬 níngméng
체리	车厘子 chēlízi	복숭아	桃子 táozi
파인애플	菠萝 bōluó	참외	甜瓜 tiánguā

PART 7

마음껏
마셔보자

1 중국 사람들이 즐기는 차와 디저트

중국에는 **차관**茶馆 cháguǎn 이라는 곳이 있습니다. 다도사가 차와 함께 간단한 견과류 간식을 내주고, 차를 내려주는 곳인데요. 중요한 미팅을 하거나 친구들과의 모임을 하는 곳으로 활용됩니다. 차관에서 차를 구매해서 보관해 두고 방문할 때마다 내려 마실 수도 있어요. 하지만 보관해 두고 마시는 차라면 값이 꽤 나가는 경우가 많겠죠!

러킨카페

1980년에 **네슬레**雀巢 quècháo 가 중국에 진출하면서 중국인들이 선물용으로 커피믹스를 주고받기 시작했고, 1999년엔 **스타벅스**星巴克 xīngbākè 가 들어오면서 중국에도 커피를 즐기는 문화가 생겨났습니다. 2017년엔 중국 현지 커피 체인점 luckin(瑞幸咖啡 ruìxìng kāfēi)이 나왔는데, 그 인기가 스타벅스를 넘어서며 중국 본토 브랜드의 자존심을 지키고 있습니다.

중국 사람들은 **아메리카노**美式咖啡 měishì kāfēi 보다는 **밀크티**奶茶 nǎichá, **라떼**拿铁 nátiě 를 기반으로 과일, 야자수, 코코넛, 팥, 토란, 경단 등 무언가를 첨가한 음료를 더 즐깁니다. luckin이 중국의 대표 백주 마오타이를 넣은 **마오타이 라떼**를 출시해 폭발적인 인기를 끈 바 있습니다. 아침 7시부터 판매하는데 두어 시간만 지나도 금방 동나서 사 먹기 어려웠습니다. 벼르고 별러 7시에 오픈런으로 겨우 한 잔을 마셔볼 수 있었는데요. 첫맛은 진한 다방커피, 그리고 뒤로 갈수록 스멀스멀 올라오는 구수한 마오타이 향이 특이했고, 모닝 음주라는 경험은 더욱 특별했습니다.

그리고 중국 사람들은 **과실차**水果茶 shuǐguǒchá 라고 해서 홍차나 녹차에 생과일 조각을 잔뜩 넣어 만든 음료도 즐기는데, 특히 젊은 친구들에게 인기가 많습니다. 덕분에 중국엔 **시차**喜茶 xǐchá, **나이슈에**奈雪 nàixuě, CoCo, **이뎬뎬**一点点 yìdiǎndiǎn, **빠왕차지**霸王茶姬 bàwáng chájī 등 다양한 브랜드의 밀크티와 과일차 업체가 생겨났습니다.

빠왕차지

차와 음료가 있다면, 곁들일 디저트도 있어야겠죠. 먼저 **두리안** 榴莲 liúlián 을 주제로 한 주전부리를 추천합니다. 중국에는 두리안을 이용한 간식거리가 많습니다. 두리안 케이크부터 아이스크림, 피자, 사탕, 라떼까지, 가공품으로 먼저 익숙해진 후에 과일을 맛보는 것도 두리안에 적응하는 방법입니다.

화메이

햇빛에 말린 새콤달콤한 매실인 **화메이**话梅 huàméi 역시 중국에서 인기 있는 전통 간식입니다. 말린 매실을 소금, 설탕, 각종 향신료 등으로 조미하여 만듭니다. 건조 또는 반건조 형태에 짠맛, 단맛, 시큼한 맛으로 조미하여 나오는데, 중국 사람들이 즐겨 먹습니다.

Track 089

奶茶可好喝了。
Nǎichá kě hǎohē le.
밀크티가 정말 맛있어요.

'可+형용사+了'는 '어떤 것이 정말/매우 ~하다'라는 표현입니다. 어떤 성질이나 상태에 대해 **감탄하거나 강한 어조로** 형용할 때 쓰입니다.

연습해 봅시다 맛 예문

두리안이 정말 비싸요.
榴莲可贵了。
Liúlián kě guì le.

이 케이크는 정말 달아요.
这个蛋糕可甜了。
Zhège dàngāo kě tián le.

이 사이다는 정말 차가워요.
这个汽水可冰了。
Zhège qìshuǐ kě bīng le.

주요 단어

奶茶 nǎichá 밀크티
好喝 hǎohē (음료수 등이) 맛있다
榴莲 liúlián 두리안 [과일명]
贵 guì (값이) 비싸다
这个 zhège 이, 이것
蛋糕 dàngāo 케이크
甜 tián 달다
汽水 qìshuǐ 사이다
冰 bīng 차갑다, 시리다

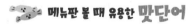 **메뉴판 볼 때 유용한 맛단어**

 Track 090

커피	咖啡 kāfēi		과실차	水果茶 shuǐguǒchá
아메리카노	美式咖啡 měishì kāfēi		핫초코	热巧克力 rè qiǎokèlì
아이스 아메리카노	冰美式 bīng měishì		우유	牛奶 niúnǎi
따뜻한 아메리카노	热美式 rè měishì		아이스크림	冰淇淋 bīngqílín
라떼	拿铁 nátiě		케이크	蛋糕 dàngāo

#백주 #바이깔 #고량주 #마오타이

2 백주의 정리

어릴 적 아버지께서는 집에 손님이 오시거나 또는 가족의 특별한 날엔 중국 음식점에 데려가셨습니다. 짜장면, 짬뽕은 기본이고, 별스런 날이니 중화요리와 납작한 유리병에 든 투명한 술을 시키셨는데, 늘 '배갈 한 병 주세요.'라고 주문하셨던 기억이 있습니다. 어느덧 사회생활을 하고 중국과 교류하는 업을 하면서 배갈을 직접 주문하게 될 줄이야! 배갈은 통상 백주(白酒)를 말합니다. **바이깐**白干 báigān에 베이징의 얼화음(儿)이 붙은 **바이깔**白干儿 báigānr에서 한국식으로 발음이 변형된 것입니다. 백주는 중국의 전통 증류주로, 주로 **수수, 쌀, 찹쌀, 옥수수, 보리** 등 곡물을 발효시켜 만듭니다. '수수'의 중국어 표현은 **고량**高粱 gāoliang으로, 고량 100%를 발효시킨 것에 초점을 두면 **고량주**高粱酒 gāoliángjiǔ가 됩니다. **마오타이**茅台 máotái가 고량주의 일종인데, 우리나라에서 중국 술을 표현할 때 배갈, 백주와 함께 고량주도 동일한 의미에서 사용하는 것 같습니다.

백주의 유형을 나누는 가장 간단한 방법은 <u>향에 따라 나누는</u> 것입니다. 너무 추상적인 거 아닌가 싶지만 각기 다른 향을 비교해서 마셔보면 극명히 알 수 있습니다. 그리고 백주 병에 **향이 표시되어 있기 때문에** 마셔보기 전에 미리 구분이 가능하기도 합니다.

백주의 재료

1 **쟝샹** 酱香 jiàngxiāng 된장, 간장 비슷한 구수한 향이 납니다.
　예 마오타이 茅台 máotái

2 **농샹** 浓香 nóngxiāng 은은한 꽃향기 또는 단 과실향이 납니다.
　예 우량예 五粮液 wǔliángyè, 수정방 水井坊 shuǐjǐngfáng

3 **칭샹** 清香 qīngxiāng 쨍하니 진한 고급 소주나 보드카 느낌의 술입니다.
　예 펀주 汾酒 fénjiǔ

4 **미샹** 米香 mǐxiāng 쌀을 원료로 하여, 쌀 향이 강해요.
　　예 삼화주 三花酒 sānhuājiǔ

5 **젠샹** 兼香 jiānxiāng 두 가지의 향이 섞여 있는 것인데, 일반적으로 구분해 내기 쉽지 않습니다.

6 **펑샹** 凤香 fèngxiāng 시안을 비롯한 산시성(陝西省)에서 발효를 위해 비싼 도자기 항아리 대신 땅을 파내고, 진흙으로 사각형(초기엔 U자형이었다고 해요.) 모양의 틀을 성형한 웅덩이를 이용한 데서 분류된 방식입니다. 쨍하고 조금은 매운 듯하지만 깔끔한 맛이 고급 백주 입문용으로 추천합니다.

(왼쪽부터)농샹, 펑샹, 장샹

7 **둥샹** 董香 dǒngxiāng 특유의 약초 향과 복합적인 향을 가지고 있습니다. 이는 다양한 한약재를 첨가하여 발효시키는 과정에서 비롯되는 것이라고 해요. 첫맛은 약간의 단맛과 함께 시작해 점차 깊고 복합적인 맛이 느껴지는데, 입안에 퍼지는 풍부한 맛과 긴 여운이 그 특징입니다.
　　예 둥주 董酒 dǒngjiǔ

　　시진핑 주석의 고향인 시안의 명주 **시펑주** 西凤酒 xīfèngjiǔ 는 처음에는 **칭샹**(清香)으로 분류하다가 **장샹**(酱香)과 **농샹**(浓香)이 섞여 있다 하여 **젠샹**(兼香)이라 하더니, 요즘은 **펑샹** 凤香 fèngxiāng 으로 구분합니다.

　　그밖에 백주를 구분하는 방법 중에 발효를 위한 누룩(酒曲)의 재료와 시간에 따라 특곡(特曲), 대곡(大曲), 소곡(小曲) 등으로 나누기도 합니다. 순수 자연 재료로 오랫동안 발효시킨 것이 특곡과 대곡이고, 누룩의 크기와 발효 시간을 줄인 것이 소곡입니다. 특곡과 대곡의 경우는 백주병에 표기되어 있기도 해요. 그 외에도 첨가물을 넣어 발효 시간을 대폭 단축한 저렴이 백주도 존재합니다.

Track 091

我喝不了白酒。
Wǒ hē bu liǎo báijiǔ.
나는 백주를 못 마셔요.

'了 liǎo'는 '완결하다'라는 의미의 가능보어로, 어떤 동작의 결과를 실현할 수 있는 능력이나 조건이 있는지 나타낼 때 사용합니다. '동사+不了'는 조건상 **어떤 동작이 실현될 수 없음**을 나타내요.

연습해 봅시다 맛 예문

나는 매운 거 못 먹어요.
我吃不了辣的。
Wǒ chī bu liǎo là de.

나는 차가운 거 못 마셔요.
我喝不了冰的。
Wǒ hē bu liǎo bīng de.

나는 두리안 못 먹어요.
我吃不了榴莲。
Wǒ chī bu liǎo liúlián.

주요 단어

白酒 báijiǔ 백주
辣的 là de 매운 것
冰的 bīng de 차가운 것

 메뉴판 볼 때 유용한 맛단어

Track 092

황주 [빛이 누렇고 순도가 낮은 술]	黄酒 huángjiǔ	청주	清酒 qīngjiǔ
와인	红酒 hóngjiǔ	소주	烧酒 shāojiǔ
화이트와인	白葡萄酒 báipútaojiǔ	위스키	威士忌 wēishìjì
칵테일	鸡尾酒 jīwěijiǔ	폭탄주	炸弹酒 zhàdànjiǔ

3 8대 명주

중국에는 4대 음식, 5대 명산, 8대 명주 등 4대, 8대, N대 구분이 많습니다. 몇 대 명주는 도대체 누가 정한 것인지, 그리고 시대의 흐름에 따라 대표성을 띄게 됐는데 이미 예전에 박제된 N대 구분으로 인해 억울하지 않겠는가 등 여러 논란이 있을 수 있겠습니다. 하지만 외국인의 입장에서는 명확히 정리되어 있으니, '모두 맛보기'의 미션을 수행하긴 오히려 편합니다.

1952년 양조 전문가, 평론가, 학자들이 모여 제1회 백주 품평회를 가졌고, 이때 4대 명주 마오타이주(茅台酒), 펀주(汾酒), 루저우따취주(泸州大曲酒), 시펑주(西凤酒)가 결정되었어요. 그리고 1963년에 **우량예**(五粮液), **구징궁주**(古井贡酒), **첸싱따취주**(全兴大曲酒), **동주**(董酒)가 합류하면서 8대 명주가 완성됩니다. 그 뒤 세 차례 더 품평회가 이어졌고 현재 시점으로 총 17대 명주가 존재해요.

8대 명주

1 마오타이주 茅台酒 máotáijiǔ 장샹

2 펀주 汾酒 fénjiǔ 칭샹

3 루저우따취주 泸州大曲酒 lúzhōu dàqūjiǔ 농샹

4 시펑주 西凤酒 xīfèngjiǔ 펑샹

5 우량예 五粮液 wǔliángyè 농샹

6 구징궁주 古井贡酒 gǔjǐnggòngjiǔ 농샹

7 첸싱따취주 全兴大曲酒 quánxīng dàqūjiǔ 농샹

8 동주 董酒 dǒngjiǔ 동샹

8대 명주 중 국가 기밀 주조법으로 만들었다는 **동주**(董酒)는 한약 맛이 난다고 알려져 있습니다.(저는 마셔보지 못했단 뜻이에요). 술의 향 분류도 동샹(董香)에 속한다니 저에겐 신비의 영역으로 남아있습니다. 와인이 그러하듯 백주 또한 비싼 술이 목 넘김도 좋고, 다음날 숙취도 없습니다. 문제는 진품을 살 수 있느냐 인데요. 온라인마켓 **징동**京东 jīngdōng에 정식 공급상으로 등록된 업체를 통하면 합리적인 가격대에 안전한 구매가 가능합니다. 매년 6월 18일은 징동데이로, 바겐세일이 진행됩니다. 이 기간을 활용하면 저렴하게 득템할 수 있습니다.

마오타이주와 우량예

我更喜欢喝白酒。

Wǒ gèng xǐhuan hē báijiǔ.

나는 백주 마시는 것을 더 좋아해요.

'更'은 '더욱'이라는 뜻으로, '更喜欢……'은 '~을 더 좋아하다'라는 표현입니다. 비교 대상이 있을 때 어느 것을 더 선호하는지 나타낼 수 있어요.

연습해 봅시다 맛 예문

저는 쓰촨요리 먹는 것을 더 좋아해요.

我更喜欢吃川菜。

Wǒ gèng xǐhuan chī chuāncài.

저는 아이스커피 마시는 것을 더 좋아해요.

我更喜欢喝冰咖啡。

Wǒ gèng xǐhuan hē bīng kāfēi.

저는 수박 먹는 것을 더 좋아해요.

我更喜欢吃西瓜。

Wǒ gèng xǐhuan chī xīguā.

주요 단어

川菜 chuāncài 쓰촨요리

冰咖啡 bīng kāfēi 아이스커피

西瓜 xīguā 수박

4 양꼬치와 함께 시원하게 즐기는 **맥주**

중국 맥주 하면 **칭다오**, **하얼빈**, **옌징**(燕京), **슈에화**(雪花) 맥주가 떠오릅니다. 모두 한국에 정식 수입되어 들어와 양꼬치 집, 심지어는 편의점에서도 구할 수 있습니다.

칭다오 맥주는 1991년부터 칭다오 맥주 축제가 열리고 있기도 하고, 우리에게 가장 잘 알려진 맥주죠. 칭다오 현지에 가면 맥주박물관 투어에서도 갓 만들어 낸 칭다오 맥주를 마실 수 있고, 길거리에서는 근으로 달아 봉지나 패트병에 담아 주는 **생맥주**扎啤 zhāpí를 맛볼 수 있습니다.

꼭 칭다오가 아니더라도 **위엔장**原浆 yuánjiāng이라고 해서 **유통기한이 10일이 안 되는 신선한 칭다오 맥주**도 중국 각 지역에서 유통되고 있습니다. 위엔장은 처리 과정을 최소화하여 더 자연스럽고 원재료의 맛을 강조한 맥주를 지칭하는데, 자연스러운 맛과 향을 가지고 있고 색은 탁한 것이 그 특징입니다. 그러니 식당에서 칭다오 맥주를 시킬 때, **칭다오 위엔장**青岛原浆 Qīngdǎo yuánjiāng이 있냐고 물어보시길 추천합니다.

칭다오 위엔장

하얼빈 맥주는 이름 그대로 동북 지역 하얼빈의 맥주로, 줄여서 **하피**哈啤 Hāpí라고 부릅니다. 칭다오가 독일인들에 의해 만들어졌다면, 하얼빈 맥주는 러시아인들이 만들었습니다. 칭다오 맥주는 톡 쏘는 맛이 강한 편이고, 하얼빈 맥주는 순하고 부드러운 맛입니다. 옌징은 베이징의 대표 맥주입니다. **옌징**의 옌(燕)은 연나라, 즉 옛 베이징의 이름이고, 징(京)은 현재 베이징의 명칭입니다. 옌징 맥주는 한국에서 쉽게 보질 못해서 중국 체류 시 다양한 종류의 옌징 맥주를 찾아 마시기도 했습니다. 슈퍼에서 **밀맥주**白啤 báipí, **흑맥주**黑啤 hēipí를 종류별로 장바구니

다양한 양조 맥주

에 가득 담았을 때의 뿌듯함이란 말해 뭐하겠습니까! 그리고 **슈에화**는 선양(沈阳)의 맥주로, 영국 맥주 기업과의 합작으로 만들어진 브랜드입니다. 탄산감이 많고 순한 맛이 특징이어서 가볍게 마시기 좋습니다.

슈에화

　　이외에도 지역마다 그 지역을 대표하는 맥주들은 많습니다. 중국 각 지역을 여행할 때마다 해당 지역의 맥주를 찾아 마셔 보는 것은 즐거운 경험이 될 것입니다. 요즘은 지역별 **수제 맥주**精酿啤酒 jīngniàng píjiǔ 가 주류로 등장하면서, 지역의 대표 수제 맥주 전문점들이 생기고 있습니다. 베이징 3대 수제 맥주 **징에이**京A jīng A, **그레잇 립 브루잉**大跃啤酒 dàyuè píjiǔ, **슬로우 보트 브루이**悠航鲜啤 yōuháng xiānpí 가 대표적입니다. 맥주를 좋아하신다면 수제 맥주집 도장 깨기도 추천합니다.

Track 094

冰的还是常温的?
Bīng de háishi chángwēn de?
차가운 거예요, 아니면 상온이에요?

'还是'는 '아니면', '또는'이라는 뜻의 접속사로, **A还是B?**(A입니까, 아니면 B입니까?) 형식으로 쓰여 A 와 B 중에서 어떤 것을 선택할 것인지 묻는 의문문을 만듭니다. 음식점에 가면 선택의 기로에 있을 때가 많죠? 그럴 때 써 볼 수 있는 표현입니다.

연습해 봅시다 맛 예문

여기에서 드실 건가요, 아니면 테이크아웃하실 건가요?

在这儿喝还是带走?
Zài zhèr hē háishi dàizǒu?

위챗인가요, 아니면 알리페이인가요?

微信还是支付宝?
Wēixìn háishi Zhīfùbǎo?

매운 거요 아니면 안 매운 거요?

辣的还是不辣的?
Là de háishi bú là de?

©Tada Images

주요 단어

常温的 chángwēn de 상온의 것

在 zài ~에서

这儿 zhèr 여기

带走 dàizǒu 가지고 가다

微信 Wēixìn 위챗

支付宝 Zhīfùbǎo 알리페이

辣的 là de 매운 것

 메뉴판 볼 때 유용한 **맛단어**

Track 095

맥주	啤酒 píjiǔ	원액	原浆 yuánjiāng
생맥주	扎啤 zhāpí	수제 맥주	精酿 jīngniàng
병맥주	瓶啤 píngpí	흑맥주	黑啤 hēipí
하얼빈 맥주	哈啤 hāpí	밀맥주	白啤 báipí

5 종류별로 시원하게 맛보는 음료

중국엔 차(茶)를 활용한 음료가 많습니다. 편의점에 가면 흔히 자주 보는 콜라, 사이다, 오렌지주스, 커피 외에 녹차, 홍차류 등을 종류별로 볼 수 있어요. 500ml 패트병 라벨에 차의 이름이 쓰여 있으니, 기호에 맞게 구매하시면 됩니다.

우롱차 乌龙茶 wūlóngchá		**홍차** 红茶 hóngchá	
녹차 绿茶 lǜchá		**보이차** 普洱茶 pǔ'ěrchá	
재스민차 茉莉花茶 mòlìhuāchá		**철관음** 铁观音 tiěguānyīn	
국화차 菊花茶 júhuāchá		**대홍포** 大红袍 dàhóngpáo	

*대홍포는 푸젠성 우이산에서 생산되는 고급 우롱차입니다

우리가 흔히 생각하는 차음료는 잎 그대로 우려낸 것이니 담백할 것이라고 상상하며 마시게 되는데, 그런 느낌을 기대했다가 의외의 단맛에 놀라는 경우가 종종 있습니다. 설탕이나 꿀이 첨가되어 있기 때문입니다. 라벨에 '加糖 jiātáng', '有糖 yǒu táng'이라고 적혀 있으면 설탕이 가미되어 있다는 뜻입니다. 어떤 경우는 눈에 띄는 표시가 없어 뒤에 깨알 같은 글씨의 제품 설명을 잘 봐야 합니다.

최근 몇 년간 건강의 중요성이 강조되면서 무설탕 음료가 늘어났습니다. 무설탕 음료에는 **무설탕**无糖 wútáng이라 표시되어 있고, 그 외에 제로칼로리, 무지방까지 강조하며 '0糖 líng táng', '0卡 líng kǎ', '0脂 líng zhǐ'라고 표기하기도 합니다.

그리고 중국의 특색 음료인 **냉차**凉茶 liángchá가 있습니다. 대추, 오미자 맛이 가미된 달달한 한약 혹은 수정과 느낌의 음료인데, 훠궈나 마라탕의 매운맛을 해소하기 딱 좋습니다. 대표 냉차로는 **왕라오지**王老吉 wánglǎojí, **쟈둬바오**加多宝 jiāduōbǎo가 있어요. 한국에도 들어와 있어 주변 양꼬치, 마라탕집에서도 마셔볼 수 있습니다.

베이징의 왕라오지 매장

1 제철 음식 맛보기

중국에도 우리나라와 마찬가지로 각 계절에 먹어야 할 제철 음식들이 있습니다. 계절별 제철 과일은 물론이고, 시기에 맞춰 지역 축제가 열리기도 합니다. 우선 중국을 여행하기 좋은 계절인 초가을에 먹어볼 만한 제철 아이템 한 가지 알려드릴게요.

칭정따자시에

초가을에는 바로 **칭정따자시에**清蒸大闸蟹 qīngzhēng dàzháxiè가 최고입니다. **따자시에**(大闸蟹)는 상하이 인근 호수와 민물에서 서식하는 **민물게**이고, **칭정따자시에**는 민물게를 다른 양념 없이 그저 증기로 쪄내는 건데, 장쑤성, 저장성, 상하이의 특색 요리입니다. 쑤저우 양청호수의 따자시에를 최상으로 치는데, 10월이 제철입니다. 상하이, 쑤저우 여행 시에 먹어봐도 좋고, 이 시기엔 전국적으로 배달이 되기 때문에 어느 도시에서나 맛볼 수 있습니다. 택배로 받아보는 경우에는 따자시에를 굵은 면실에 묶어 보냅니다. 살아있는 생물을 보내기 때문에 움직임에 게가 상하거나, 열었을 때 사람이 다치는 것을 방지하기 위해서입니다.

사실 중국 현지 생활 속에 깊숙이 연관되어 있지 않으면, 제철 음식을 맛보기란 쉽지 않습니다. 중국 친구가 있다면 중국 방문 시기에 먹어볼 만한 제철 아이템이 있는지 물어보시길 추천합니다. 위챗을 통해 10월에 따자시에 이외에 제철 아이템이 무엇이 있는지 제가 한번 실제로 물어봤는데요.

난이도 높은 나물류를 제하고, 외국인 눈높이에 맞는 아이템으로는 **샤오롱샤**小龙虾 xiǎolóngxiā가 제일 눈에 띕니다. 샤오롱샤는 장강 유역의 중간쯤 되는 후베이(湖北)의 대표 식재료인데, 주로 양식으로 키우고 5월 말에서 7월까지가 제일 맛이 좋을 때라고 합니다. 초여름 한창 더워지기 시작할 때 **마라샤오롱샤**麻辣小龙虾 málà xiǎolóngxiā와 여기에 맥주를 곁들인다면 최적의 조합이 될 것입니다.

마라샤오롱샤

你吃点儿水果。

Nǐ chī diǎnr shuǐguǒ.

과일 좀 먹어요.

동사 뒤에 '点儿'을 붙이면, 함께 쓰인 동사에 **완곡한 또는 공손한 느낌**을 더해 주게 됩니다. 예를 들어 '喝水'라고 하면 '물을 마셔'라는 다소 명령조의 느낌이 드는 표현이지만, '喝点儿水'라고 하면 '물 좀 드세요'라는 좀 더 예의 바른 표현이 되면서, 상대가 챙김을 받고 있다는 느낌을 받게 합니다.

연습해 봅시다 맛 예문

양념장을 좀 찍어요.

你蘸点儿酱。

Nǐ zhàn diǎnr jiàng.

물 좀 마셔요.

你喝点儿水。

Nǐ hē diǎnr shuǐ.

식초 좀 넣어요.

你倒点儿醋。

Nǐ dào diǎnr cù.

주요 단어

水果 shuǐguǒ 과일

蘸 zhàn 찍다, 묻히다

酱 jiàng 된장, 간장 등의 양념장

水 shuǐ 물

倒 dào 따르다, 붓다

醋 cù 식초

2 명절에 만나는 음식

우리나라에서 설에는 떡국, 추석에는 송편을 챙겨 먹는 것처럼 중국에도 명절에 챙겨 먹는 음식들이 있습니다. 해당 명절 즈음 중국에 있다면, 명절 음식과 함께 시간을 보내는 것도 중국을 즐기는 방법이 됩니다.

춘절 春节 Chūn Jié `음력 1월 1일`

음력 설을 말합니다. 주로 북쪽 지방에서는 가족들이 모여 **쟈오즈** 饺子 jiǎozi 를 먹는데, 풍요와 복을 모아 여민다는 의미를 담고 있습니다. 남쪽 지방에서는 **니엔까오** 年糕 niángāo를 먹습니다. 年年高升 nián nián gāo shēng 의 니엔까오(年高)와 발음이 유사함에서 차용하여 나날이 높아지기를 기원하는 뜻을 담고 있습니다.

원소절 元宵节 Yuánxiāo Jié `음력 1월 15일`

새해 첫 보름달이 뜨는 정월대보름을 중국에서는 **원소절** 이라고 합니다. 이날 중국인들은 보름달 느낌의 새알심을 먹는데, 북방에서는 **위엔샤오** 元宵 yuánxiāo, 남방에서는 **탕위안** 汤圆 tāngyuán이라고 해요. 둥글고 보얀 찹쌀 반죽 안에 깨, 팥, 호박이 들어 있는데, 달달한 맛이 평소 먹는 간식으로도 좋습니다. 슈퍼에 가면 냉동코너에서 찾을 수 있어요. 몇 개 구비해 놓고 당이 떨어질 때마다 끓인 물에 익혀 먹으면 든든합니다.

탕위안

단오절 端午节 Duānwǔ Jié `음력 5월 5일`

나쁜 기운을 쫓고 건강을 기원하는 날입니다. 액운을 막는 붉은 실 팔찌를 차기도 하고, **쫑즈** 粽子 zòngzi를 먹어요. 춘추시대의 시인이자 정치가인 굴원(屈原)이 모함을 받아 유배 중에 조국인 초나라가 멸망했다는 소식을 듣고 강에 몸을 던졌는데,

쫑즈

170

사람들이 물고기들이 그의 시신을 갉아먹지 못하게 하기 위해 강에 배를 띄우고, 대나무 잎에 곡식을 싸서 던졌다는 이야기가 있어요. 이때 던진 음식이 바로 쫑즈입니다. 또 매년 이 날에 굴원을 기리며 용선보트 축제를 열기 때문에 단오절의 영어명은 'dragon boat festival'입니다. 쫑즈는 넓은 대나무 잎을 주머니 모양으로 여미고 찹쌀과 밤, 대추 등 잡곡과 함께 돼지고기, 삶은 달걀 등을 넣어 감싼 뒤 쪄서 먹습니다. 들어가는 소에 따라 호불호가 생기기도 해요. 집에서 만들어 먹기도 하지만 보통은 진공 포장된 것을 구매하여 나눠 먹습니다. 전통적인 쫑즈도 맛있지만, 스타벅스에서 현지화의 일환으로 만들어 파는 쫑즈는 선물로 삼기에 좋습니다. 일반적으로 명절은 즐거운 날이니 **명절 즐겁게 보내!**(节日快乐 Jiérì kuàilè!)라는 인사를 주고 받는데, 단오절만큼은 즐거움보다는 평안함을 더 기원하며 **단오절 평안히 보내!**(端午安康! Duānwǔ ānkāng!)라고 합니다.

중추절 中秋节 Zhōngqiū Jié 음력 8월 15일

중국 사람들은 중추절에 보름달 형상의 **월병** 月饼 yuèbing을 주고 받으며 보냅니다. 월병 안에는 연꽃씨, 팥, 밤, 햄 등의 다양한 소가 들어가고, 케이크의 느낌이 강해 커피나 차와 함께 먹기 좋습니다. **스타벅스**星巴克 xīngbākè의 로고 세이렌이 양각된 월병은 맛도 좋고 예쁩니다. 또 아이스크림 전문점 **하겐다즈**哈根达斯 hāgēndásī의 **아이스크림 월병**冰淇淋月饼 bīngqílín yuèbing 역시 환상적인 맛도 맛이지만, 너무 예뻐서 먹기가 아까울 정도입니다. 다만 두 곳의 월병은 가격이 사악한 것이 단점입니다.

월병

납팔절 腊八节 Làbā Jié 음력 12월 8일

납팔죽

한 해를 정리하고, 겨우내 건강을 기원하는 날임과 동시에 불교 전통에 따라 석가모니가 깨달음을 얻은 날을 기념하는 날이기도 합니다. 중국 사람들은 이날에 **납팔죽**腊八粥 làbāzhōu이라는 죽을 만들어 먹는데, 납팔죽은 곡물, 콩, 견과류, 말린 과일 등을 섞어 만든 영양가 높은 죽으로, 가족의 건강과 행운을 기원하는 음식으로 여겨집니다.

饺子好吃不好吃?
Jiǎozi hǎochī bu hǎochī?
쟈오즈 맛있어요?

'형용사+不+형용사'로 구성된 정반의문문입니다. 상대에게 **특정 상태나 상황을 확인**하기 위해 질문할 때 사용합니다.

연습해 봅시다 **맛 예문**

탕위안 뜨거워요?
汤圆烫不烫?
Tāngyuán tàng bu tàng?

쫑즈 달아요?
粽子甜不甜?
Zòngzi tián bu tián?

월병 느끼해요?
月饼腻不腻?
Yuèbing nì bu nì?

주요 단어

饺子 jiǎozi 쟈오즈
好吃 hǎochī 맛있다
汤圆 tāngyuán 탕위안
烫 tàng 뜨겁다
粽子 zòngzi 쫑즈
甜 tián 달다
月饼 yuèbing 월병
腻 nì 느끼하다

 ### 메뉴판 볼 때 유용한 **맛단어**

- 춘병 春饼 chūnbǐng 봄철에 먹는 얇고 부드러운 밀가루 전병으로, 다양한 야채와 고기를 싸서 먹습니다.
- 춘권 春卷 chūnjuǎn 밀가루 반죽에 다양한 속 재료를 넣고 기름에 튀긴 봄철 음식이에요. 바삭하고 고소한 맛이 특징입니다.
- 원소 元宵 yuánxiāo 정월대보름에 먹는 둥근 쌀떡으로, 팥이나 깨 등의 소를 넣어 만들어 달콤해요.
- 청단 青团 qīngtuán 청명절(清明节)에 먹는 녹두 반죽으로 만든 떡으로, 달콤한 소를 넣고 나뭇잎으로 싼 후 쪄서 녹색을 띠는 것이 특징입니다.

3 미식 축제

#지역 축제 #칭다오 맥주 축제 #레스토랑 위크

지역마다 크고 작은 축제들이 많이 생겨났지만, 때를 맞춰 방문할 만한 가치가 있는 축제는 그리 많지 않은 것 같습니다. 그중에서도 전통과 현대의 미식을 경험해 볼 수 있는 두 가지 이벤트를 추천합니다.

🌐 칭다오 맥주 축제 青岛啤酒节 Qīngdǎo Píjiǔ Jié

음식을 테마로 한 축제 중 가장 유명하고 대표적인 축제입니다. 칭다오에서 매년 7월 중순쯤에 시작해 약 한 달간 열리는데, 1991년부터 이어져 왔습니다. 독일의 맥주 기술이 전해지며 칭다오 맥주가 만들어졌고, 지역의 특색이 되어 정기적인 축제로 자리 잡았습니다. 갓 만들어진 칭다오 맥주를 실컷 맛볼 수 있고, 맥주박물관에서는 칭다오 맥주에 대해 깊게 이해할 수 있는 기회도 가질 수 있습니다.

🌐 레스토랑 위크 餐厅周 cāntīng zhōu

칭다오 맥주 축제

매년 봄과 가을에 베이징, 상하이, 선전, 청두, 난징 등 10개 도시에서 약 2주간 열리는 음식 축제로, 소비자들에게 저렴한 가격으로 고급 레스토랑을 체험할 기회를 제공합니다. 뉴욕시에서 시작된 레스토랑 위크의 영향을 받아 중국 주요 도시에서도 시행되고 있는 행사입니다. 참여하는 레스토랑들은 특별가로 음식을 제공하는데, 이를 이용하기 위해

서는 행사 어플을 통해 미리 예약해야 합니다. 평소에 부담되어 엄두를 내지 못했던 **미쉐린**米其林 mǐqílín 식당들의 음식도 이 기간을 활용하면 저렴하게 맛볼 수 있습니다.

Track 099

你去没去过这家餐厅?
Nǐ qù méi qù guo zhè jiā cāntīng?
이 식당에 가 본 적 있어요?

'过'는 '~해 본 적 있다'라는 뜻으로 동사 뒤에 놓여 **과거의 경험**을 나타내요. 긍정형은 '**동사+过**'이고, 부정형인 '~해 본 적 없다'는 没(有)를 동사 앞에 붙여 '**没+동사+过**'라고 표현합니다. 어떤 경험이 있는지 물을 때 '동사+过……吗?'라고 물을 수도 있고, '동사+没+동사+过……?'라고 할 수도 있습니다.

연습해 봅시다 맛 예문

가재 먹어본 적 있나요?
你吃没吃过小龙虾?
Nǐ chī méi chī guo xiǎolóngxiā?

칭다오 맥주 마셔본 적 있어요?
你喝没喝过青岛啤酒?
Nǐ hē méi hē guo Qīngdǎo píjiǔ?

이곳에 와 본 적 있어요?
你来没来过这个地方?
Nǐ lái méi lái guo zhège dìfang?

주요 단어

去 qù 가다
家 jiā 가게, 기업 등을 세는 단위
餐厅 cāntīng 식당
小龙虾 xiǎolóngxiā 가재
青岛啤酒 Qīngdǎo píjiǔ 칭다오 맥주
来 lái 오다
这个 zhège 이, 이것
地方 dìfang 장소, 곳

 메뉴판 볼 때 유용한 맛단어

Track 100

마른오징어	鱿鱼干 yóuyúgān	육포	牛肉干 niúròugān
간장	酱油 jiàngyóu	마요네즈	蛋黄酱 dànhuángjiàng

4 새해 전야 가족 식사

 중국의 설날인 춘절(春节) 전날 밤에 가족들이 모여 함께 먹는 저녁 식사를 **녠예판**年夜饭 niányèfàn 이라고 합니다. 가족의 단합과 한 해 동안의 안녕을 기원하는 의미를 담고 있습니다. 집에서 음식을 만들어 준비하기도 하지만 대다수의 사람들이 미리 식당을 예약하고, 가족과 함께 식사를 하며 자정을 넘기는 카운트다운을 합니다. 따라서 춘절 전날 저녁에는 괜찮은 식당을 예약해 두지 않으면 식당을 잡기가 어렵습니다. 식당들도 녠예판을 위해 별도로 세트 메뉴를 구성하고 값을 올려받습니다. 녠예판의 묘미는 보통의 음식에 복을 부르는 특별한 이름을 붙인다는 데 있습니다. 무척 간단한 음식이지만 축복을 담아 새롭게 작명을 하는데요. 그럴듯한 이름의 뜻을 풀이해 보는 것은 중국어 공부에도 도움이 됩니다.

❶ 年年有余 niánniányǒuyú 해마다 풍요롭길 바랍니다

'有余 yǒu yú'는 '여유가 있다'라는 뜻으로, '余 yú'와 '물고기'라는 뜻의 단어 '鱼 yú'가 발음이 같아서 새해맞이용 물고기 요리에 붙일 수 있는 이름입니다.

❷ 大吉大利 dàjí dàlì 모든 일이 순조롭다

'대운과 큰 이익'이란 의미입니다. '길하다', '좋다'라는 뜻의 '吉 jí'와 닭을 뜻하는 단어 '鸡 jī'의 발음이 비슷함을 이용해 닭 요리에 붙이는 특별 명칭입니다.

❸ 红红火火 hónghong huǒhuǒ 번창하다, 흥성하다

'불처럼 활활 흥하라!'라는 뜻으로, 붉은색을 띤 음식에 붙이기 좋습니다. 높은 불길에서 빠르게 튀기듯 볶아내는 새우 요리인 **훠옌샤**火焰虾 huǒyànxiā 가 그 예입니다. 새우가 익으면 붉게 되잖아요.

❹ 年年高升 nián nián gāoshēng 해마다 승승장구하다

'매년 높아진다'라는 뜻의 '年高 nián gāo'는 떡이라는 뜻의 단어 '年糕 niángāo'와 발음이 같습니다. **떡 구이**煎年糕 jiān niángāo를 예로 들 수 있는데요. 기름에 구어진 떡의 색감이 옥과 유사한데, 간단한 떡 구이가 그럴 듯한 이름을 갖게 됩니다.

❺ 大红大紫 dà hóng dà zǐ 위세가 대단하다

직역하면 '큰 홍색과 큰 자색'을 의미하지만, 이 표현은 보통 '매우 인기가 많다' 또는 '주목받아 성공하다'라는 의미로 사용됩니다. 홍색과 자색을 띄는 음식에 붙일 수 있습니다. 예를 들어 **딸기**草莓 cǎoméi와 **체리**车厘子 chēlízi 두 종류의 과일을 한 접시에 담으면 축복의 음식이 됩니다.

Track 101

你别吃辣的。

Nǐ bié chī là de.

매운 것 먹지 마세요.

'别'는 '~하지 마라'라는 뜻의 부사로, 동사 앞에 놓여서 어떤 행동을 하지 말라고 **명령**하거나 **권고**하는 뜻을 나타냅니다.

연습해 봅시다 맛 예문

차가운 것을 마시지 마세요.

你别喝冰的。

Nǐ bié hē bīng de.

술 마시지 마세요.

你别喝酒。

Nǐ bié hē jiǔ.

단 것 먹지 마세요.

你别吃甜的。

Nǐ bié chī tián de.

주요 단어

辣的 là de 매운 것

冰的 bīng de 차가운 것

酒 jiǔ 술

甜的 tián de 단 것

PART 9

이걸 알면
중국 떡방
최고수

1 식탁 위의 격식

밥 한 끼 하는데 무슨 격식이 필요한가 싶지만, 중요한 자리에서의 예의를 잘 알고 챙기는 것은 상대에게 존중받고 있다는 느낌을 줍니다. 특히 다른 나라의 문화를 잘 알고 있다는 인식을 주는 것은 비즈니스를 성사해야 하는 상황에서는 더욱 중요한 능력이 됩니다. 상식적인 식탁 예절은 생략하고, 특별히 기억해야 할 만한 격식을 공유해 봅니다.

1 **입구에서 반대편 안쪽 중앙**이 상석입니다. 손님을 문 입구에 앉히지 않습니다.

2 보통 회전하는 유리판이 얹힌 원탁에 둘러 앉아, 유리판을 돌려가며 음식을 먹게 되는 경우가 많습니다. 원하는 음식을 자기 자리 앞으로 돌려두는 경우에는 다른 사람이 음식을 집고 있는 건 아닌지 잘 살펴야 합니다. 만약 누군가가 음식을 집고 있는 상황이라면 돌아가는 유리판을 손으로 살짝 눌러 집기 편하게 배려합니다.

3 중국은 원샷 문화가 익숙하지 않아요. '잔을 말려라!'라는 뜻에서 **깐베이!**(干杯! Gānbēi!)를 외치면 정말 남김없이 마시자는 강권이 되는데요. **원하는 만큼만 마시자**라는 뜻에서 잔을 부딪힐 때는 **뜻에 따라**(随意 suíyì)라고 말합니다.

4 첨잔이 자연스러워요. 상대가 술을 채워주면 손가락 끝이나 손가락 등으로 식탁을 가볍게 두드려 고마움을 표시합니다.

5 **생선의 머리는 주빈의 향해 두고, 먹을 땐 뒤집지 않습니다.** 생선을 뒤집는 것은 배가 뒤집히는 것과 같다 하여 불길하게 여깁니다.

6 예전엔 음식을 조금 남겨 준비한 사람에게 '배부르게 잘 먹었다'라는 표시를 하는 것이 예의라 여겼는데, 요즘은 음식물 쓰레기를 만들지 않는 것이 미덕이라 **음식을 남기지 않아도 됩니다.** 식당에선 **접시를 빛나게 깨끗이 비우자**(光盘 guāng pán)라는 캠페인을 할 정도로 음식물 쓰레기 줄이기에 힘쓰고 있습니다.

7 남긴 음식을 가져가는 것이 아주 자연스럽습니다. **포장해 주세요**(这个帮我打包。Zhège bāng wǒ dǎbāo.) 라고 하면 일회용 그릇을 가져다 주는데 통상 1~2元의 일회용 용기 비용을 받습니다. 덧붙이자면 포장을 요청할 때 '这个帮我打包。' 같은 정식 표현도 좋지만 좀 더 현장감을 담아 자연스럽게 '你好! Nǐ hǎo!'하고 종업원을 부르고 손가락으로 포장을 원하는 남은 음식을 가리키며 '打包'라고 해도 됩니다.

我能坐这里吗?
Wǒ néng zuò zhèlǐ ma?
여기 앉아도 되나요?

'能'은 '할 수 있다'라는 뜻이고, '吗'는 문장 끝에 놓여 의문문을 만듭니다. '我能……吗?'는 상대방에게 자신이 <u>어떤 동작이나 행위를 해도 되는지 묻거나 확인할 때</u> 사용합니다.

연습해 봅시다 맛 예문

주차 가능한가요?
能停车吗?
Néng tíngchē ma?

술을 가져와도 되나요?
能自己带酒吗?
Néng zìjǐ dài jiǔ ma?

술을 차로 대신할 수 있나요?
能以茶代酒吗?
Néng yǐ chá dài jiǔ ma?

주요 단어

坐 zuò 앉다

这里 zhèlǐ 이곳, 여기

停车 tíngchē 주차하다

自己 zìjǐ 스스로

带 dài (몸에) 지니다, 휴대하다

酒 jiǔ 술

以茶代酒 yǐ chá dài jiǔ
　　　　차로 술을 대신한다

2 개인적인 공간의 음식점 쓰팡차이

 간판도 없고, 메뉴도 없고, 어떤 곳은 외관이 그냥 평범한 가정집이라 식당인지도 잘 모르겠는 식당이 있습니다. 그 지역이나 주방장의 개인적인 특색을 반영하여 미리 예약한 소수에게만 음식을 제공하는 곳들이에요. 이를 **쓰팡차이관**私房菜馆 sīfáng càiguǎn 이라 하는데, 중국판 '오마카세'라고 생각하시면 됩니다.

주로 시내 외진 곳이나 외각에 있어 미리 알아보고 찾아가야 하는 곳이 많습니다. 간판에 **쓰팡차이**私房菜 sīfáng cài라고 걸려 있는 경우가 있는데, 이런 곳은 인원수에 따른 세트 메뉴를 구성해 손님에게 선택권을 주기도 합니다. 지극히 **개인적인(私) 방 혹은 공간(房)의 음식점**이니, 특별한 가족 모임이나 축하 모임을 하기 적합해요. 식사와 함께 **마작**麻将 májiàng을 즐길 수 있도록 비치해 두기도 해서, 게임을 겸한 작은 행사를 하기에도 좋습니다. 간판도 없고 입구를 찾기도 어렵고 안내자가 있어야만 출입이 가능한 곳도 있는데, 이런 곳은 갑부 친구 정도 있어야 경험할 수 있습니다.

가격이 조금 비싸지만 일반인이 접근할 만하고, 무엇보다 중국어를 공부하는 사람, 특히 중국 음식에 관심이 있는 사람이라면 한 번쯤 경험해 볼 만합니다. 쓰팡차이관의 음식들은 일관된 테마를 가지고 구성됩니다. 예를 들어 구이저우(贵州) 음식을 주제로 한 쓰팡차이관의 경우 **구이저우의 풍미**贵州风味 Guìzhōu fēngwèi라는 세트 메뉴가 있습니다. 이 세트 메뉴를 통해 구이저우 음식을 한번에 맛볼 수 있는 동시에 주방장의 친절한 설명도 들을 수 있으니, 중국어와 중국 문화를 한번에 배울 수 있는 **일석이조**一举两得 yì jǔ liǎng dé의 선택입니다.

사업하는 사람이 손님이나 사업 파트너를 불러 접대하는 목적으로 공간을 마련하기도 하는데, 이를 '숲所 huìsuǒ'라고 합니다. 사무실이라기보단 응접실의 느낌으로 꾸며져 있고, 필요할 때 요리사를 따로 불러 운영되는 지극히 사적인 곳입니다.

맛있는 한 마디

您几位?
Nín jǐ wèi?
몇 분이세요?

'几'는 '얼마', '몇'이라는 뜻으로 수량을 물을 때 쓰는 의문대사입니다. 보통 10 이하의 숫자가 예상될 경우에 '几'를 사용해요. '几'가 명사를 수식할 때 **'几'와 명사 사이에는 양사를 써 주어야 해요.** 식당에 가면 '몇 분이세요?'라고 질문 받거나 '몇 개 주세요.'라는 표현은 아주 자주 쓰이는 표현이니 잘 연습해 두도록 해요.

연습해 봅시다 맛 예문

밥은 몇 공기 필요하세요?
要几碗米饭?
Yào jǐ wǎn mǐfàn?

요리 몇 개 주문할래요?
点几个菜?
Diǎn jǐ ge cài?

컵은 몇 개 드릴까요?
来几个杯子?
Lái jǐ ge bēizi?

주요 단어

位 wèi 명, 분 [존댓말]
要 yào 필요하다, 원하다
碗 wǎn 공기, 그릇
米饭 mǐfàn 쌀밥
点 diǎn 주문하다
菜 cài 요리
来 lái 주세요, 가져다 주세요
杯子 bēizi 잔, 컵

3 길거리 음식

 따파이당大排档 dàpáidàng은 야외나 길거리 음식점을 의미합니다. 직역하면 '크게 줄 서 놓여있는 좌석'이라는 뜻으로, 대개의 경우 큰 테이블과 의자가 길거리나 개방된 공간에 늘어져 있는데, 우리로 치면 대형 포장마차 정도 됩니다. 북적북적하고 시끄럽지만 중국 현지를 그대로 느낄 수 있는 곳입니다.

주로 **샤오카오**烧烤 shāokǎo나 숯불구이를 팔기도 하고, 바닷가가 있는 지역에선 해산물 요리를 팝니다. 거기에 맥주 한잔 곁들이면 환상의 야식이 됩니다. 요즘은 따파이당이 실내포장마차처럼 실내로 들어와 번듯한 식당이 되기도 하는데, 북적북적한 분위기와 저렴한 가격은 여전합니다.

• 전통적인 따파이당
•• 최근 유행하는 스타일의 따파이당

따파이당과 유사한 것으로 **창잉관**苍蝇馆 cāngyingguǎn이 있습니다. 보통 규모가 작고 위생 상태가 그리 좋지 않은 식당이나 길거리 음식점을 의미합니다. 창잉(苍蝇)은 '파리'라는 뜻으로, 청결하지 못하고 파리가 날아다니는 것을 볼 수 있기 때문에 붙여진 이름입니다. 하지만 창잉관이라도 실제로 창잉관이란 간판을 단 곳은 없습니다. 길거리 모퉁이에 위치하고 허름한 분위기에 간판을 걸 자리도 없는 데다, 위생이 좋지 못하단 걸 인정할 수 없으니, 그저 구전으로 창잉관이라 인정받는 셈입니다. 저렴하고 진정한 로컬 음식을 먹어볼 수 있어서 가볼 만 하지만 배탈에 유의해야 합니다.

要多少羊肉串?
Yào duōshao yángròuchuàn?
양꼬치는 얼마나 드릴까요?

'多少'도 '几'와 마찬가지로 수량을 물을 때 사용합니다. '几'와 다른 점은 **수량과 관계없이** 쓸 수 있다는 것입니다. 그리고 '多少' 뒤에는 **양사를 써도 되고 쓰지 않아도** 됩니다.

연습해 봅시다 **맛 예문**

맥주 몇 병 드릴까요?
来多少啤酒?
Lái duōshao píjiǔ?

가재 몇 마리 드릴까요?
要多少小龙虾?
Yào duōshao xiǎolóngxiā?

의자를 몇 개 더 추가할까요?
加多少椅子?
Jiā duōshao yǐzi?

주요 단어

羊肉串 yángròuchuàn 양꼬치
啤酒 píjiǔ 맥주
小龙虾 xiǎolóngxiā 가재
加 jiā 더하다, 추가하다
椅子 yǐzi 의자

4 중국 대표 패스트푸드

로컬 맛집에 접근하기엔 아직 두려움이 있다면 안정된 서비스에 균일가, 대기업의 보증된 맛이 있는 **체인점**连锁店 liánsuǒdiàn 을 먼저 접근하는 것도 방법입니다. 가볼 만한 중국 로컬 패스트푸드 체인점을 정리해 봤습니다. 이 체인점은 주로 대형 쇼핑몰, 공항, 기차역 등 사람들이 많이 모이는 곳에 위치해 있어 접근성이 좋습니다.

🍳 찐공푸 真功夫 zhēn gōngfu 〔중식 패스트푸드〕

직역하면 리얼(真) 쿵푸(功夫)라고 할 수 있겠습니다. 영화배우이자 무술인인 이소룡의 형상을 브랜드화한 중식 패스트푸드점인데, 정작 이소룡과는 관계가 없어 이소룡의 딸이 소송을 건 상황입니다. 광둥성 광저우에 본점이 있고, 중국 내외로 수백 개의 지점을 확장하여 운영하고 있습니다. 주로 중국 남부 지방의 음식을 기반으로 하고 있습니다.

🍳 샤부샤부 呷哺呷哺 Xiābǔ Xiābǔ 〔1인 훠궈〕

샤브샤브의 발음을 본딴 이름으로, 대만 사람이 만든 **1인 훠궈 전문점**입니다. 훠궈는 여러 명이 둘러앉아 먹어야 이득이라 혼자선 엄두가 나지 않는 종목인데, 홀로 간편하게 즐길 수 있다는 것이 너무나 큰 장점입니다.

● 찐공푸
●● 샤부샤부

☀ 캉스푸 쓰팡 뉴러우미엔 康师傅私房牛肉面 kāngshīfu sīfáng niúròumiàn `면 요리`

중국의 유명한 라면 브랜드인 **캉스푸**康师傅 kāngshīfu에서 만든 소고기면 전문점입니다. 베이징에 본점을 두고 있으며 다양한 면 요리를 맛볼 수 있고, 바쁜 직장인들의 빠른 한 끼 식사로 그만입니다.

☀ 용허따왕 永和大王 yǒnghé dàwáng `더우장, 요우타오`

용허따왕

북방의 아침 식사 **더우장**豆浆 dòujiāng과 **요우타오**油条 yóutiáo를 대표 메뉴로 하는 패스트푸드점입니다. 국수, 덮밥, 디저트까지 다양한 메뉴로 구성되어 한 끼 식사뿐 아니라 간식까지 해결할 수 있는 곳입니다.

☀ 홍좡위안 宏状元 hóngzhuàngyuán `죽`

죽 전문점으로 베이징에 본점을 두고 있는 체인점입니다. 죽 전문점으로 시작했지만, 현재는 다양한 베이징 음식을 맛볼 수 있는 패스트푸드점이라 할 수 있어 베이징 요리를 간편하고 빠르게 맛보기에 유용합니다.

☀ 웨이쟈량피 魏家凉皮 wèijiā liángpí `량피 전문점`

시안(西安)의 유명한 로컬 체인점으로 시작해, 중국 대도시로 진출한 시안 음식 전문점입니다. **량피**凉皮 liángpí, **러우쟈모**肉夹馍 ròujiāmó 등 시안의 길거리 음식들을 한번에 맛볼 수 있어요.

要套餐吧。
Yào tàocān ba.
세트로 할게요.

'要'는 '원하다', '필요하다'라는 뜻이고, '吧'는 '청유, 승낙, 확언'을 의미하는 조사입니다. '要……吧'는 **화자가 요구사항이나 결정한 것을 상대방에게 전달할 때** 씁니다. 식당에서 메뉴를 최종 결정한 후 종업원에게 말할 때 이 표현을 사용할 수 있어요.

연습해 봅시다 맛 예문

콩국으로 할게요.
要豆浆吧。
Yào dòujiāng ba.

빠오즈로 할게요.
要包子吧。
Yào bāozi ba.

감자채 주세요.
要土豆丝吧。
Yào tǔdòusī ba.

주요 단어

套餐 tàocān 세트

豆浆 dòujiāng 콩국, 더우장

包子 bāozi (소가 든) 찐빵 모양의 만두, 빠오즈

土豆 tǔdòu 감자

土豆丝 tǔdòusī 감자채

5 서양식 패스트푸드

외국에 체류하면서 로컬 음식이 영 입에 맞지 않을 땐, 글로벌 체인 음식점을 찾게 됩니다. 아는 맛이 주는 안정감이 있습니다. 그럴듯하게 음역한 중국어 이름의 브랜드명은 중국어 학습의 재미를 한층 높여주기도 합니다.

중국에 진출한 최초의 외자기업 프랜차이즈는 1987년 베이징에 1호점을 낸 미국의 KFC입니다. KFC의 중국식 네이밍은 켄터키 프라이드 치킨의 '켄터키'를 따서 **컨더지** 肯德基 Kěndéjī 라고 합니다. KFC는 현지화에 성공한 대표적인 외자기업입니다. 중국식 아침 식사인 **죽**粥 zhōu 과 **요우탸오** 油条 yóutiáo, 그리고 **더우장**豆浆 dòujiāng 도 메뉴에 넣어 현지화된 KFC로 정착했습니다.

외자기업의 브랜드명은 맥도날드의 중국어 이름 **마이당라오** 麦当劳 Màidāngláo 처럼 유사한 발음의 단어를 조합해 작명하거나, 발음을 살리면서 의미도 있는 작명에 집중합니다. 예를 들어 뚜레주르의 **뚜어러즈르** 多乐之日 Duōlèzhīrì 는 발음도 원래 이름과 유사하면서 **즐거움 가득한 날**이라는 의미를 담고 있습니다.

피자헛은 **삐셩커** 必胜客 bìshèngkè, 써브웨이는 **싸이바이웨이** 赛百味 sàibǎiwèi, 롯데리아는 **러티엔리** 乐天利 lètiānlì, 파리바게트는 **빠리베이티엔** 巴黎贝甜 Bālí Bèitián 입니다. 무릎을 탁 치게 절묘하고 리듬감 있는 이름이지만 따로 일대일 매칭해서 익혀둬야 하는 수고스러움이 필요합니다. 중국어로 변환된 이름을 성조를 지켜 정확히 발음하지 않으면 현지인이 알아듣기 어렵기 때문입니다. 개인적으로 외자기업 브랜드명 중에 가장 직관적이고 기억하기 쉬운 이름은 버거킹의 중국어 이름인 **한바오왕** 汉堡王 hànbǎowáng 이라고 생각합니다. 원래의 이름 그대로 '햄버거의 왕'의 뜻을 제대로 반영했습니다.

• KFC
•• 피자헛

Track 106

我不要薯条。
Wǒ bú yào shǔtiáo.
감자튀김을 원하지 않아요.

'不要+명사'는 특정한 무엇(명사)을 **원하지 않거나 거부함을 표현할 때** 씁니다. 음식점에서 특정 재료를 빼고 조리해달라고 요청할 때나, 메뉴 선택 시 주문 거절에도 활용할 수 있습니다.

연습해 봅시다 맛 예문

양파 넣지 마세요.
不要洋葱。
Bú yào yángcōng.

콜라는 필요 없습니다.
不要可乐。
Bú yào kělè.

얼음은 필요 없어요.
不要冰。
Bú yào bīng.

©Shan_shan

주요 단어

薯条 shǔtiáo 감자튀김
洋葱 yángcōng 양파
可乐 kělè 콜라
冰 bīng 얼음

6 편의점에 가면

편의점은 간단한 요깃거리와 생활용품을 편리하게 살 수 있는 잡화점이기도 하지만 저는 그 나라의 먹거리 문화를 집약적으로 보여주는 곳이라고도 생각합니다. 중국이기 때문에 볼 수 있는 편의점의 먹거리는 좋은 구경거리가 되고, 동시에 친구들에게 줄 만한 부담없는 귀국 선물이 됩니다.

🍳 이색 감자칩

중국 편의점엔 특별한 맛의 감자칩을 팝니다. 바로 **오이맛** 黄瓜味 huángguā wèi과 **토마토맛** 番茄味 fānqié wèi인데요. 마니아층이 있을 법한 오이맛 감자칩은 희귀템으로 풋풋한 맛이 일품이고, 토마토맛은 새콤한 케첩맛이 독특합니다.

오이맛   토마토맛

다양한 맛의 과즈

🍳 각종 씨앗

중국 사람들은 주전부리로 해바라기씨, 호박씨, 수박씨를 볶아 껍질을 까 먹습니다. 이를 통칭해서 **과즈** 瓜子 guāzǐ라고 하는데, 다양한 맛의 과즈를 편의점에서 만날 수 있습니다. 첨가물 없이 그대로 볶은 **플레인맛** 原味 yuánwèi부터, **불고기맛** 烤肉味 kǎoròuwèi, **마라맛** 麻辣味 málàwèi 등 가미된 맛의 과즈도 있습니다.

과즈

편의점의 다양한 식품

🌑 다양한 가공 부속품류

중국은 소 , 돼지 , 닭을 가공하는 것 뿐 아니라 그들의 부속들도 가공해 간식 또 맥주 안주로 만들어 냅니다. 한국에서 볼 수 없는 이색 간식입니다. **돼지 귀**猪耳 zhū'ěr, **오리 창자**鸭肠 yācháng, **오리 손바닥**鸭掌 yāzhǎng, **오리 혀**鸭舌 yāshé, **닭발**鸡爪 jīzhuǎ을 볶거나 튀겨 가공한 간식들은 눈을 휘둥그레하게 만듭니다. 맛보기용으로 가져가면 깜짝 선물이 될 겁니다. 그리고 닭발은 **지좌**鸡爪 jīzhuǎ라고도 하지만, '봉황'을 뜻하는 **펑**凤 fèng을 써서 **펑자오**凤爪 fèngzhǎo라고도 합니다. 중국 현지 식당 메뉴에서 '**펑**凤 fèng'이 보이면 닭발이겠구나 생각하면 됩니다. 중국 남방 지역에서 닭발 요리는 마치 우리의 식탁에서 빠질 수 없는 기본 반찬인 김치와 같습니다. 코로나 시기 중국 남쪽 광저우 지역에 도착해 격리하던 3주 내내, 호텔 측에서 제공하던 식사에 매일 닭발이 필수 반찬처럼 나왔습니다.

🌑 레토르트 식품류

한국에도 들어와 있는 훠궈 체인점 **하이디라오**海底捞 hǎidǐlāo의 **훠궈사발면**이나, **쏸라편, 홍샤오뉴러우미엔** 등 중국에만 있는 독특한 맛의 음식부터 중국식 장아찌 **짜차이**榨菜 zhàcài까지, 대기업의 대량 양산의 기술력을 거쳐 다양한 가공품이 나와 있습니다. 중국 음식을 간단히 맛보기에 그만인데요. 집에서 간편하게 현지의 맛을 느낀다는 의미에서 구매해 오시길 추천합니다.

중국식 장아찌 짜차이

要袋子吗?

Yào dàizi ma?

봉투 필요하세요?

'要……吗?'은 무엇을 원하거나 필요로 하는지 물을 때 사용합니다. 주로 음식점에서 종업원이 주문을 받고 서빙할 때 손님에게 빈번히 쓸 수 있는 표현입니다.

연습해 봅시다 맛 예문

얼음 필요하세요?

要冰吗?

Yào bīng ma?

컵 필요하세요?

要杯子吗?

Yào bēizi ma?

영수증 필요하세요?

要发票吗?

Yào fāpiào ma?

주요 단어

袋子 dàizi 봉투

杯子 bēizi 컵

发票 fāpiào 영수증

 메뉴판 볼 때 유용한 **맛단어**

Track 108

감자칩	薯片 shǔpiàn	마라맛	麻辣味 málàwèi
과즈	瓜子 guāzǐ	쏸라펀	酸辣粉 suānlàfěn
오리지널, 플레인	原味 yuánwèi	홍샤오뉴러우미엔	红烧牛肉面 hóngshāo niúròumiàn
숯불갈비맛	烤肉味 kǎoròuwèi	밀맥주	白啤 báipí

7 중국 하면 차(茶)

 중국 현지 식당, 특히 격식 있는 곳에 가면 종업원으로부터 으레 **차가 필요하신가요?**(需要茶吗? Xūyào chá ma?)라는 질문을 받게 됩니다. 기본 서비스에 포함되어 있는 차 이외에 별도로 유료 주문하겠냐는 것인데, 식전의 입가심이자 식사 중에 기름진 기운을 가시게 하는 역할을 합니다. 차에 대해 잘 모르거나 중국어가 잘 들리지 않는다면, 그야말로 아무거나 선택하시면 됩니다. 마시고 싶은 것을 골라 마셔보자는 취지에서 차 종류별 대표 품종 몇 가지 소개해 봅니다.

녹차 　발효되지 않은 차, 산화되지 않아 신선한 맛과 밝은 색을 띰

1 룽징 龙井 lóngjǐng

저장성 항저우에서 생산되는 차입니다. 평평하게 납작한 외형이 특징이고, 순하고 향긋해요. 항저우의 시후(西湖) 룽징루(龙井路)에 가면 중국 찻잎박물관(中国茶叶博物馆)이 있는데, 차를 좋아하는 사람이면 이곳에 방문해 차에 대해서도 공부해 보고, 현지의 신선한 룽징차를 마셔보는 것도 좋은 경험이 될 것입니다.

2 비뤄춘 碧螺春 bìluóchūn

장쑤성 타이호 동정산에서 생산되며, 푸른 빛의 잎이 나선형 모양으로 꼬여있는 형태를 띕니다. 따뜻한 물에 닿으면 나선형의 찻잎이 꼬임을 풀듯 펴지는데, 바라보는 것만으로도 힐링이 됩니다.

홍차 　발효가 완전히 이루어진 차, 서양에서 보통 '블랙티'로 불림

1 치먼홍차 祁门红茶 qímén hóngchá

안후이성 치먼(祁门)에서 생산되며, 밝은 붉은색의 차색과 꿀향, 과일향으로 유명합니다.

2 윈난홍차 滇红 diānhóng

윈난성에서 생산되며, 강한 향과 무거운 맛을 가지고 있습니다.

우롱차   반발효된 차, 녹차와 홍차의 중간 단계

1 철관음   铁观音 tiěguānyīn

푸젠성 안시(安溪)의 차로, 관음은 관음보살을 기리기 위해 붙여진 이름입니다. 한 농부가 마을 근처의 절인 관음사를 돌보며 살았는데, 꿈속에서 관음보살이 절 뒤 오래된 우물 옆의 차나무를 알려줬고, 그렇게 발견된 차라 하여 '철관음'이 되었습니다. 여기서 '철'의 뜻은 해석이 분분한데, **쇠처럼 단단하고 견고하여 강한 깊은 맛을 지녔다**라는 뜻이란 해석이 제일 설득력 있습니다.

2 대홍포   大红袍 dàhóngpáo

푸젠성 우이산에서 생산되며, 바위 맛이라고 표현되곤 합니다. 바위, 토양의 미네랄 성분이 녹아들어 약간의 떫은 맛이 느껴집니다.

백차   주로 봄에 어린 싹과 잎으로 햇빛 건조 등의 과정을 거쳐 만듦

1 백호은침   白毫银针 báiháo yínzhēn

푸젠성에서 생산되며, 차 싹이 통통하고 하얀 털이 덮여 있으며, 차색이 맑습니다.

2 백모단   白牡丹 báimǔdān

초록 잎과 은백색 차 싹이 섞여 있으며, 꽃처럼 생긴 외형과 신선한 맛을 가지고 있습니다.

흑차   오랜 발효로 거무튀튀한 색을 띠는 차

1 보이차   普洱茶 pǔ'ěrchá

윈난성에서 생산되며, 생차와 숙차로 나뉘고, 오래 저장할수록 맛이 진해집니다. 오래될수록 가치가 올라가 비싼 값에 유통되기도 합니다.

보이차

황차   녹차에 가까움. 적당한 습기와 열기를 주어 찻잎이 특유의 노란색을 띰

1 군산은침   君山银针 jūnshān yínzhēn

후난성 군산에서 생산되며, 가늘고 길쭉한 외형을 가지고 있습니다.

2 훠산황아   霍山黄芽 huòshān huángyá

안후이성 훠산에서 생산되며, 향기가 풍부하고 신선한 맛을 가지고 있습니다.

有红茶、绿茶，还有白茶。
Yǒu hóngchá, lǜchá, háiyǒu báichá.
홍차, 녹차, 그리고 백차가 있습니다.

'有A、B, 还有C' 형식은 **여러 가지 사물을 나열할 때 사용**되며, 'A와 B 그리고 C가 있다'라고 해석해요.

연습해 봅시다 맛 예문

칭다오, 옌징, 그리고 하얼빈 (맥주)가 있습니다.
有青岛、燕京，还有哈尔滨(啤酒)。
Yǒu Qīngdǎo, Yānjīng, háiyǒu Hā'ěrbīn (píjiǔ).

공깃밥, 만두, 그리고 면이 있습니다.
有米饭、饺子，还有面条。
Yǒu mǐfàn, jiǎozi, háiyǒu miàntiáo.

소고기, 양고기, 그리고 삼겹살이 있습니다.
有牛肉、羊肉，还有五花肉。
Yǒu niúròu, yángròu, háiyǒu wǔhuāròu.

주요 단어

青岛 Qīngdǎo 칭다오 (맥주)

燕京 Yānjīng 옌징 (맥주)

哈尔滨 Hā'ěrbīn 하얼빈 (맥주)

饺子 jiǎozi 교자, 쟈오즈

面条 miàntiáo 면, 국수

五花肉 wǔhuāròu 삼겹살, 오겹살

음식 중국어
필살기

1 식당 예약하기

Track **110**

Ⓐ 오늘 6시, 네 명인데요. 자리 있나요?

今天6点，4个人，有位子吗？

Jīntiān liù diǎn, sì ge rén, yǒu wèizi ma?

진티엔 리우 디엔, 쓰 거 런, 요우 웨이즈 마?

Ⓑ 있습니다. 시간 맞춰 바로 오시면 됩니다.

有位子，您到时候直接过来吧。

Yǒu wèizi, nín dào shíhou zhíjiē guò lái ba.

요우 웨이즈, 닌 따오 스허우 즈지에 꾸어 라이 바.

2 방 예약하기

Track **111**

Ⓐ 오늘 저녁에 방이 있나요? 열 명이요.

今天晚上有包间吗？ 10个人的。

Jīntiān wǎnshang yǒu bāojiān ma? Shí ge rén de.

진티엔 완샹 요우 빠오지엔 마? 스 거 런 더.

Ⓑ 죄송합니다. 방은 없습니다.

不好意思，包间没有了。

Bù hǎoyìsi, bāojiān méiyǒu le.

뿌 하오이쓰, 빠오지엔 메이요 러.

3 문 열었는지 묻기

A 지금 영업하시나요?

现在营业吗?

Xiànzài yíngyè ma?

시엔짜이 잉예 마?

B 죄송합니다. 지금은 브레이크 타임입니다. 5시에 영업 시작해요.

不好意思，现在休息。5点开始营业。

Bù hǎoyìsi, xiànzài xiūxi. Wǔ diǎn kāishǐ yíngyè.

뿌 하오이쓰, 시엔짜이 시우시. 우 디엔 카이스 잉예.

Track 112

4 브레이크 타임

A 몇 시에 브레이크 타임인가요?

你们几点休息?

Nǐmen jǐ diǎn xiūxi?

니먼 지 디엔 시우시?

B 저희는 오후 3시부터 5시까지 브레이크 타임입니다.

我们下午3点到5点休息。

Wǒmen xiàwǔ sān diǎn dào wǔ diǎn xiūxi.

워먼 시아우 싼 디엔 따오 우 디엔 시우시.

Track 113

5 영업시간 묻기

Track 114

Ⓐ 몇 시에 문 닫으세요?

你们几点下班?

Nǐmen jǐ diǎn xiàbān?

니먼 지 디엔 시아빤?

Ⓑ 저희는 밤 10시까지 영업합니다.

我们营业时间到晚上10点。

Wǒmen yíngyè shíjiān dào wǎnshang shí diǎn.

워먼 잉예 스지엔 따오 완샹 스 디엔.

6 번호표 받기

Track 115

Ⓐ 저희 네 명인데, 지금 자리 있나요?

我们四个人，现在有位子吗?

Wǒmen sì ge rén, xiànzài yǒu wèizi ma?

워먼 쓰 거 런, 시엔짜이 요우 웨이즈 마?

Ⓑ 지금 자리가 없습니다. 번호표 드릴게요.

现在没有位子，我帮您拿个号吧。

Xiànzài méiyǒu wèizi, wǒ bāng nín ná ge hào ba.

시엔짜이 메이요우 웨이즈, 워 빵 닌 나 거 하오 바.

7 번호표 받고 대기하기

Track 116

Ⓐ 얼마나 기다려야 하나요?

要等多长时间?

Yào děng duōchang shíjiān?

야오 덩 뚜어 창 스지엔?

Ⓑ 30분 정도요.

大概半个小时。

Dàgài bàn ge xiǎoshí.

따까이 빤 거 시아오스.

8 번호표 확인하기

Track 117

Ⓐ 지금 25번인가요?

现在是25号吗?

Xiànzài shì èrshíwǔ hào ma?

시엔짜이 스 얼스우 하오 마?

Ⓑ 맞습니다. 25번이신가요? 들어오세요.

对，您是25号吗？里面请。

Duì, nín shì èrshíwǔ hào ma? Lǐmiàn qǐng.

뚜이, 닌 스 얼스우 하오 마? 리미엔 칭.

9 자리 바꾸기

Ⓐ 이쪽에 앉으세요.

您坐这边吧。

Nín zuò zhèbiān ba.

닌 쭈어 쩌비엔 바.

Ⓑ 저 자리에 앉아도 되나요?

那个位子可以吗?

Nà ge wèizi kěyǐ ma?

나 거 웨이즈 커이 마?

10 의자 추가하기

Ⓐ 조금 큰 테이블 있나요?

有大一点儿的桌子吗?

Yǒu dà yìdiǎnr de zhuōzi ma?

요우 따 이디알 더 쭈어즈 마?

Ⓑ 없습니다. 의자 하나 추가해 드릴게요.

没有了，我给您加一把椅子吧。

Méiyǒu le, wǒ gěi nín jiā yì bǎ yǐzi ba.

메이요 러, 워 게이 닌 지아 이 바 이즈 바.

11 어린이용 의자

A 어린이용 의자 있나요?

有儿童椅吗?

Yǒu értóngyǐ ma?

요우 얼통이 마?

Track 120

B 있습니다. 잠시 기다려 주세요. 가져다 드리겠습니다.

有, 您稍等, 我给您拿一把。

Yǒu, nín shāo děng, wǒ gěi nín ná yì bǎ.

요우, 닌 샤오 덩, 워 게이 닌 나 이 바.

12 어린이용 식기

A 어린이용 식기 있나요?

有儿童餐具吗?

Yǒu értóng cānjù ma?

요우 얼통 찬쥐 마?

Track 121

B 네. 잠시만 기다리시면 바로 가져다 드리겠습니다.

有, 您稍等, 我马上给您拿来。

Yǒu, nín shāo děng, wǒ mǎshàng gěi nín ná lái.

요우, 닌 샤오 덩, 워 마샹 게이 닌 나 라이.

13 음식 주문하기 1

Track 122

Ⓐ 메뉴판 있나요?

有菜单吗?

Yǒu càidān ma?

요우 차이딴 마?

Ⓑ 테이블에 QR코드가 있습니다. 스캔하셔서 주문하시면 됩니다.

桌上有二维码, 您可以扫码点菜。

Zhuō shang yǒu èrwéimǎ, nín kěyǐ sǎomǎ diǎncài.

쭈어 상 요 얼웨이마, 닌 커이 싸오마 디엔 차이.

14 대표 메뉴 묻기

Track 123

Ⓐ 어떤 요리가 맛있는지 추천해 주실 수 있나요?

哪个菜好吃, 可以推荐一下吗?

Nǎ ge cài hǎochī, kěyǐ tuījiàn yíxià ma?

나 거 차이 하오츠, 커이 투이지엔 이시아 마?

Ⓑ 저희의 대표 메뉴는 이것입니다. 한번 드셔보세요.

我们的招牌菜是这个, 您可以尝尝。

Wǒmen de zhāopáicài shì zhège, nín kěyǐ chángchang.

워먼 더 짜오파이차이 스 쩌거, 닌 커이 창창.

15 차 주문하기

Track 124

A 어떤 차를 드시겠습니까?

您要什么茶水?

Nín yào shénme cháshuǐ?

닌 야오 션머 차쉐이?

B 무료인가요?

是免费的吗?

Shì miǎnfèi de ma?

스 미엔페이 더 마?

16 물 요청하기

Track 125

A 차가운 물 있나요?

有冰水吗?

Yǒu bīngshuǐ ma?

요우 삥쉐이 마?

B 광천수가 있습니다. 몇 병 드릴까요?

有矿泉水, 您要几瓶?

Yǒu kuàngquánshuǐ, nín yào jǐ píng?

요우 쾅첸쉐이, 닌 야오 지 핑?

17 음식 주문하기 2

Track 126

Ⓐ 요리 세 개면 충분한가요?

三个菜，够吗?

Sān ge cài, gòu ma?

싼 거 차이, 꼬우 마?

Ⓑ 거의 충분합니다. 부족하시면 추가하세요.

差不多，不够再加吧。

Chàbuduō, búgòu zài jiā ba.

차부뚜어, 부꼬우 짜이 지아 바.

18 생선 요리 주문하기

Track 127

Ⓐ 생선 있나요?

有鱼吗?

Yǒu yú ma?

요우 위 마?

Ⓑ 생선은 저쪽에 있습니다. 가셔서 한 마리 고르시면 됩니다.

鱼在那边，您可以过去挑一条。

Yú zài nàbiān, nín kěyǐ guòqù tiāo yì tiáo.

위 짜이 나비엔, 닌 커이 꾸어취 탸오 이 탸오.

19 채소 요리 주문하기

Ⓐ 어떤 채소 요리가 있나요?

有什么素菜?

Yǒu shénme sùcài?

요우 션머 쑤차이?

Track 128

Ⓑ 채소 요리는 모두 제철 채소입니다. 어떻게 만들어 드릴까요?

素菜都是时令蔬菜，您要什么做法的?

Sùcài dōu shì shílìng shūcài, nín yào shénme zuòfǎ de?

쑤차이 또우 스 스링 슈차이, 닌 야오 션머 쭈어파 더?

20 주식 주문하기

Ⓐ 주식 주문하시겠습니까?

您需要主食吗?

Nín xūyào zhǔshí ma?

닌 쉬야오 주스 마?

Track 129

Ⓑ 주식에는 어떤 것이 있나요?

有什么主食?

Yǒu shénme zhǔshí?

요우 션머 주스?

21 밥 주문하기

Track 130

Ⓐ 밥 두 공기 주세요.

要两碗米饭。

Yào liǎng wǎn mǐfàn.

야오 량 완 미판.

Ⓑ 지금 내올까요, 아니면 조금 있다가 내올까요?

现在上还是一会儿上?

Xiànzài shàng háishi yíhuìr shàng?

시엔짜이 샹 하이스 이후얼 샹?

22 면 요리 주문하기

Track 131

Ⓐ 국수 있나요?

有面条吗?

Yǒu miàntiáo ma?

요우 미엔탸오 마?

Ⓑ 딴딴면과 뉴러우미엔이 있습니다. 어떤 것으로 드릴까요?

有担担面和牛肉面，您要哪种?

Yǒu dàndànmiàn hé niúròumiàn, nín yào nǎ zhǒng?

요우 딴딴미엔 허 뉴러우미엔, 닌 야오 나 종?

23 교자 주문하기

Track 132

A 교자 있나요?

有饺子吗?

Yǒu jiǎozi ma?

요우 쟈오즈 마?

B 고기로 드릴까요, 아니면 채소로 드릴까요?

您要肉的还是素的?

Nín yào ròu de háishi sù de?

닌 야오 러우 더 하이스 쑤 더?

24 기피 음식

Track 133

A 기피 음식 있으신가요?

有忌口吗?

Yǒu jìkǒu ma?

요우 지코우 마?

B 고수는 빼 주세요. 감사합니다.

别放香菜，谢谢。

Bié fàng xiāngcài, xièxie.

비에 팡 샹차이, 시에시에.

25 음료 주문하기

Track 134

Ⓐ 콜라 있나요? 차가운 것으로요.

有可乐吗？冰的。

Yǒu kělè ma? Bīng de.

요우 커러 마? 삥 더.

Ⓑ 차가운 것은 없고, 상온만 있습니다.

没有冰的，只有常温的。

Méiyǒu bīng de, zhǐyǒu chángwēn de.

메이요 삥 더, 즈요우 창원 더.

26 맥주 주문하기

Track 135

Ⓐ 생맥주 있나요?

有扎啤吗？

Yǒu zhāpí ma?

요우 자피 마?

Ⓑ 없습니다. 병맥주만 있어요. 차가운 것으로요.

没有，只有瓶啤，是冰镇的。

Méiyǒu, zhǐyǒu píngpí, shì bīngzhèn de.

메이요, 즈요우 핑피, 스 삥쩐 더.

27 백주 주문하기

Track 136

Ⓐ 이과두주 있나요?

有二锅头吗?

Yǒu èrguōtóu ma?

요우 얼궈토우 마?

Ⓑ 500ml로 드릴까요, 아니면 250ml로 드릴까요?

您要一斤的还是半斤的?

Nín yào yì jīn de háishi bàn jīn de?

닌 야오 이 진 더 하이스 빤 진 더?

28 와인 관련 요청하기

Track 137

Ⓐ 와인을 디캔팅 해 드릴까요?

红酒帮您醒一下吗?

Hóngjiǔ bāng nín xǐng yíxià ma?

홍쥬 빵 닌 싱 이시아 마?

Ⓑ 네. 잠깐 디캔팅 해 주세요.

好的，醒一会儿吧。

Hǎo de, xǐng yíhuìr ba.

하오더, 싱 이후얼 바.

29 얼음 요청하기

Track 138

Ⓐ 얼음 있나요?

有冰块吗?

Yǒu bīngkuài ma?

요우 삥콰이 마?

Ⓑ 있습니다. 잠시만 기다려 주세요.

有，请稍等。

Yǒu, qǐng shāo děng.

요우, 칭 샤오 덩.

30 냅킨 요청하기

Track 139

Ⓐ 냅킨 있나요?

有餐巾纸吗?

Yǒu cānjīnzhǐ ma?

요우 찬진즈 마?

Ⓑ 있습니다. 한 봉지에 1위안이에요. 몇 봉지 드릴까요?

有，一包一块钱，您要几包?

Yǒu, yì bāo yí kuài qián, nín yào jǐ bāo?

요우, 이 바오 이 콰이 치엔, 닌 야오 지 바오?

31 물티슈 요청하기

Track 140

Ⓐ 물티슈 있나요?

有湿巾吗?

Yǒu shījīn ma?

요우 스진 마?

Ⓑ 물수건 있습니다. 잠시만 기다려 주세요. 가져다 드리겠습니다.

有湿毛巾, 您稍等, 我给您拿。

Yǒu shīmáojīn, nín shāo děng, wǒ gěi nín ná.

요우 스마오진, 닌 샤오 덩, 워 게이 닌 나.

32 그릇 요청하기

Track 141

Ⓐ 식기 한 세트 더 가져다 주세요.

再拿一套餐具。

Zài ná yì táo cānjù.

짜이 나 이 타오 찬쮜.

Ⓑ 잠시만 기다려 주세요. 바로 가져다 드리겠습니다.

请稍等, 我马上帮您拿。

Qǐng shāo děng, wǒ mǎshàng bāng nín ná.

칭 샤오 덩, 워 마샹 빵 닌 나.

33 앞치마 요청하기

Track 142

A 앞치마 있나요?

有围裙吗?

Yǒu wéiqún ma?

요우 웨이췬 마?

B 있습니다. 몇 개 필요하세요?

有，您要几条?

Yǒu, nín yào jǐ tiáo?

요우, 닌 야오 지 탸오?

34 음료 반입했을 때

Track 143

A 와인잔 세 개 주세요. 감사합니다.

给我三个红酒杯，谢谢。

Gěi wǒ sān ge hóngjiǔbēi, xièxie.

게이 워 싼 거 홍쥬뻬이, 시에시에.

B 음료 반입 시 잔 세척비를 받습니다.

自带酒水的话，我们收洗杯费。

Zì dài jiǔshuǐ dehuà, wǒmen shōu xǐbēifèi.

쯔 따이 지우쉐이 더화, 워먼 쇼우 시뻬이페이.

잔 하나당 20위안인데 괜찮으세요?

一个杯子20块，您看可以吗?

Yí ge bēizi èrshí kuài, nín kàn kěyǐ ma?

이 거 뻬이즈 얼스 콰이, 닌 칸 커이 마?

35 음식 재촉하기

A 음식 하나가 아직 안 나왔는데, 빨리 주실 수 있나요?

还有一个菜，可以快点儿吗?

Háiyǒu yí ge cài, kěyǐ kuàidiǎnr ma?

하이요우 이 거 차이, 커이 콰이디알 마?

B 네. 잠시만 기다려 주세요. 가서 재촉하겠습니다.

好的，您稍等，我去帮您催一下。

Hǎode, nín shāo děng, wǒ qù bāng nín cuī yíxià.

하오더, 닌 샤오 덩, 워 취 빵 닌 추이 이시아.

36 요리 추가하기

A 요리 더 추가하실 건가요? 주방이 곧 마감됩니다.

您还要加菜吗? 厨房要下班了。

Nín hái yào jiā cài ma? Chúfáng yào xiàbān le.

닌 하이 야오 지아 차이 마? 추팡 야오 시아빤 러.

B 네. 메뉴판 좀 가져다 주세요.

好的，给我一下菜单。

Hǎode, gěi wǒ yíxià càidān.

하오더, 게이 워 이시아 차이딴.

37 접시 교환하기

Track 146

Ⓐ 저기요, 접시 좀 바꿔주세요.

你好，帮我换一下碟子。

Nǐ hǎo, bāng wǒ huàn yíxià diézi.

니 하오, 빵 워 환 이시아 디에즈.

Ⓑ 네. 잠시만 기다려 주세요. 잠시 후에 바꿔드리겠습니다.

好的，您稍等，我一会儿帮您换。

Hǎode, nín shāo děng, wǒ yíhuìr bāng nín huàn.

하오더, 닌 샤오 덩, 워 이후얼 빵 닌 환.

38 작은 접시로 바꾸기

Track 147

Ⓐ 이 요리는 작은 접시로 바꿔드릴까요?

这个菜要不要帮您换小盘?

Zhège cài yào bu yào bāng nín huàn xiǎo pán?

쩌거 차이 야오 부 야오 빵 닌 환 샤오 판?

Ⓑ 네, 바꿔주세요.

好的，换一下吧。

Hǎode, huàn yíxià ba.

하오더, 환 이시아 바.

39 접시 치우기

Track 148

Ⓐ 이 요리 더 드실 건가요?

这个菜还需要吗?

Zhège cài hái xūyào ma?

쩌거 차이 하이 쉬야오 마?

Ⓑ 괜찮습니다. 가져가 주세요.

不用了，撤了吧。

Bú yòng le, chè le ba.

부용 러, 처 러 바.

40 데워달라고 요청하기

Track 149

Ⓐ 양꼬치 좀 데워주세요.

肉串儿帮我热一下。

Ròuchuànr bāng wǒ rè yíxià.

러우촬 빵 워 러 이시아.

Ⓑ 다시 데우면 고기가 너무 질겨져요.

再热的话，肉就太老了。

Zài rè dehuà, ròu jiù tài lǎo le.

짜이 러 더화, 러우 지우 타이 라오 러.

215

41 요리가 잘못 나왔을 때

Track 150

Ⓐ 이 요리는 제가 주문한 것이 아니에요.

这个菜不是我点的。

Zhège cài bú shì wǒ diǎn de.

쩌거 차이 부 스 워 디엔 더.

Ⓑ 죄송합니다. 잘못 나왔습니다.

不好意思，我上错了。

Bù hǎoyìsi, wǒ shàng cuò le.

뿌 하오이쓰, 워 샹 추어 러.

42 음식이 다 나왔을 때

Track 151

Ⓐ 요리가 모두 나왔습니다. 맛있게 드세요.

您的菜都上齐了，请慢用。

Nín de cài dōu shàng qí le, qǐng màn yòng.

닌 더 차이 또우 샹 치 러, 칭 만 용.

Ⓑ 감사합니다. 밥도 지금 주세요.

谢谢。米饭也现在上吧。

Xièxie. Mǐfàn yě xiànzài shàng ba.

시에시에. 미판 예 시엔짜이 샹 바.

43 요리 취소 요청하기

Ⓐ 요리 하나가 아직 안 나왔는데, 취소할게요.

还有一个菜没上，不要了。

Háiyǒu yí ge cài méi shàng, bú yào le.

하이요우 이 거 차이 메이 샹, 부 야오 러.

Ⓑ 네. 취소해 드릴게요.

好的，我帮您退了。

Hǎode, wǒ bāng nín tuì le.

하오더, 워 빵 닌 투이 러.

44 피자 주문하기

Ⓐ 반반으로 가능할까요?

可以双拼吗？

Kěyǐ shuāngpīn ma?

커이 슈앙핀 마?

Ⓑ 가능합니다. 어떤 두 종류 원하세요?

可以，您要哪两种？

Kěyǐ, nín yào nǎ liǎng zhǒng?

커이, 닌 야오 나 량 종?

45 파스타 주문하기

A (면을) 단단한 걸로 드릴까요, 부드러운 걸로 드릴까요?

Track 154

您要硬一点的还是软一点的?

Nín yào yìng yìdiǎn de háishi ruǎn yì diǎn de?

닌 야오 잉 이디엔 더 하이스 루안 이 디엔 더?

B 단단한 것으로 주세요. 감사합니다.

硬一点的，谢谢。

Yìng yìdiǎn de, xièxie.

잉 이디엔 더, 시에시에.

46 스테이크 주문하기

A 웰던으로 드릴까요, 아니면 미디엄으로 드릴까요?

Track 155

您要全熟还是半熟?

Nín yào quán shú háishi bàn shú?

닌 야오 쵄 슈 하이스 빤 슈?

B 미디엄으로 해 주세요. 감사합니다.

五分吧，谢谢。

Wǔ fēn ba, xièxie.

우 펀 바, 시에시에.

47 디저트 주문하기

Track 156

Ⓐ 디저트 있나요?

有甜点吗?

Yǒu tiándiǎn ma?

요우 티엔디엔 마?

Ⓑ 디저트는 여기에 있습니다. 케이크와 아이스크림 중에 골라주세요.

甜点在这页, 有蛋糕和冰淇淋, 您选一下。

Tiándiǎn zài zhè yè, yǒu dàngāo hé bīngqílín, nín xuǎn yíxià.

티엔디엔 짜이 저 예, 요우 딴까오 허 빙치린, 닌 쉬엔 이시아.

48 커피 주문하기

Track 157

Ⓐ 커피는 무료인가요?

咖啡是免费的吗?

Kāfēi shì miǎnfèi de ma?

카페이 스 미엔페이 더 마?

Ⓑ 죄송합니다. 무료가 아닙니다.

不好意思, 不是免费的。

Bù hǎoyìsi, bú shì miǎnfèi de.

뿌 하오이쓰, 부 스 미엔페이 더.

49 칵테일 주문하기

Track 158

A 칵테일을 마시고 싶은데, 추천해 주실 수 있나요?

我要鸡尾酒，可以推荐一下吗?

Wǒ yào jīwěijiǔ, kěyǐ tuījiàn yíxià ma?

워 야오 지웨이쥬, 커이 투이지엔 이시아 마?

B 도수가 높은 것을 좋아하세요, 아니면 낮은 것을 좋아하세요?

您喜欢度数高一些的还是低一些的?

Nín xǐhuan dùshu gāo yìxiē de háishi dī yìxiē de?

닌 시환 두슈 까오 이시에 더 하이스 띠 이시에 더?

50 포장하기

Track 159

A 저기요. 이 요리 포장해 주세요.

你好，这个菜打包。

Nǐ hǎo, zhège cài dǎbāo.

니 하오, 쩌거 차이 다빠오.

B 포장 용기는 하나당 1위안입니다. 몇 개 필요하세요?

餐盒一个一块钱，您要几个?

Cānhé yí ge yí kuài qián, nín yào jǐ ge?

찬허 이 거 이 콰이 치엔, 닌 야오 지 거?

51 계산하기

Track 160

Ⓐ 위챗 가능한가요?

微信可以吗?

Wēixìn kěyǐ ma?

웨이신 커이 마?

Ⓑ 위챗, 알리페이 모두 가능합니다.

微信、支付宝都可以。

Wēixìn、Zhīfùbǎo dōu kěyǐ.

웨이신, 즈푸바오 또우 커이.

52 간이 영수증 요청하기

Track 161

Ⓐ 간이 영수증 주세요. 감사합니다.

小票给我一下，谢谢。

Xiǎopiào gěi wǒ yíxià, xièxie.

샤오피아오 게이 워 이시아, 시에시에.

Ⓑ 잠시만 기다려 주세요. 출력해 드리겠습니다.

您稍等，我给您打印。

Nín shāo děng, wǒ gěi nín dǎyìn.

닌 샤오 덩, 워 게이 닌 다인.

53 정식 영수증 요청하기

Track 162

Ⓐ 정식 영수증 발행해 주실 수 있나요?

可以开发票吗？

Kěyǐ kāi fāpiào ma?

커이 카이 파피아오 마?

Ⓑ 전자영수증 발행해 드릴 수 있습니다. 회사 정보 주세요.

可以开电子发票，您给我一下公司信息。

Kěyǐ kāi diànzi fāpiào, nín gěi wǒ yíxià gōngsī xīnxi.

커이 카이 디엔즈 파피아오, 닌 게이 워 이시아 꽁쓰 신시.

54 주차권 필요 여부 물을 때

Track 163

Ⓐ 주차권 필요하세요?

停车券您需要吗？

Tíngchēquàn nín xūyào ma?

팅쳐취엔 닌 쉬야오 마?

Ⓑ 괜찮습니다. 감사합니다.

不用了，谢谢。

Bú yòng le, xièxie.

부용 러, 시에시에.

55 주차권 요청하기

Track 164

Ⓐ 주차권 있나요?

有停车券吗?

Yǒu tíngchēquàn ma?

요우 팅처취엔 마?

Ⓑ 네. 한 시간짜리입니다.

有，是一个小时的。

Yǒu, shì yí ge xiǎoshí de.

요우, 스 이 거 샤오스 더.

56 차 옮기기

Track 165

Ⓐ 끝자리 3333인 차가 당신 건가요?

尾号3333的车是您的吗?

Wěihào sān sān sān sān de chē shì nín de ma?

웨이하오 싼 싼 싼 싼 더 처 스 닌 더 마?

Ⓑ 제 차가 아닙니다.

不是我的。

Bú shì wǒ de.

부 스 워 더.

다락원 홈페이지에서
MP3 파일 다운로드 및
실시간 재생 서비스

나의 겁없는
중국음식 중국어

지은이 전은선, 차오팡
펴낸이 정규도
펴낸곳 (주)다락원

초판 1쇄 발행 2024년 8월 28일

기획·편집 김혜민, 이상윤
디자인 박나래
조판 최영란
일러스트 김지하
녹음 郭洋, 朴龙君, 권영지
사진 Shutterstock

다락원 경기도 파주시 문발로 211
전화 (02)736-2031 (내선 250~252 / 내선 430~431)
팩스 (02)732-2037
출판등록 1977년 9월 16일 제406-2008-000007호

ISBN 978-89-277-2322-6 13720

www.darakwon.co.kr
다락원 홈페이지를 방문하시면 상세한 출판 정보와 함께 동영상 강좌,
MP3 자료 등 다양한 어학 정보를 얻으실 수 있습니다.